VIVRE,
À QUOI ÇA SERT ?

Du même auteur
chez le même éditeur

Le paradis, c'est les autres, 1995
Jésus tel que je le connais, 1996 ; J'ai lu, 1997
(Avec Philippe Asso), *Richesse de la pauvreté*, 2001 ;
J'ai lu, 2002

Sœur EMMANUELLE
avec Philippe Asso

VIVRE,
À QUOI ÇA SERT ?

Flammarion

ISBN : 2-08-210341-2

Introduction

L'inquiétude du sens

En écrivant ce livre, je voudrais faire partager à mes frères et sœurs en humanité le fruit d'une expérience presque centenaire. L'événement qui me fit entrer dans un chemin de questionnement eut lieu peu avant mes six ans. J'étais au bord de la mer, fascinée par le flux et le reflux des vagues, par l'éclat irisé de l'écume. Cette belle écume, je la vis engloutir le visage chéri de mon papa. Comment avait-il pu disparaître pour toujours dans les flots ? Où était-il allé ? Pour la première fois, j'entendis parler d'éternité. Dans ma petite tête, je me demandais comment il avait pu passer de l'écume à l'éternité. Tout cela était insensé : et la mort de mon père et les explications que l'on me donnait.

C'est ici que l'expérience fondatrice de ma vie psychique rejoint, je crois, la question fondamentale de notre temps. Mes contemporains sont poursuivis par le non-sens. Chercheurs souvent désespérés, la vie semble à leurs yeux une succession chaotique d'instants et d'événements. Or les événements – aussi bien ceux de notre histoire personnelle que ceux de l'histoire de l'humanité – ne valent que par leur sens. En soi, un événement, ce qui nous arrive, n'a pas de sens. À travers l'événement, on doit pouvoir discerner, juger, entre ce qu'il comporte de tragique et ce qu'il porte de grâce et de fécondité. On doit pouvoir le relativiser. Le sens, c'est faire l'expérience que, à travers et au-delà du tragique, du merveilleux ou du banal apparents, il y a autre chose. Les événements de l'histoire ne sont que gangues closes. Le sens les ouvre et dévoile leur mystère.

Ce dont la plupart des hommes et les femmes d'aujourd'hui ont besoin, c'est de donner du sens à leur existence. J'en rencontre un grand nombre qui vivent dans un bain d'insécurité, parfois même d'angoisse : « À quoi ça sert de vivre ? » Et comme je les comprends ! J'ai connu moi aussi, et je le raconterai au fil de ces pages, l'angoisse de nuits sans réponse, de chemins sans issue.

Le problème n'est pas là. Cette inquiétude du sens est nécessaire et bénéfique. D'âge en âge, elle a taraudé l'humanité. Le problème, c'est le vide, l'absence contemporaine de moyens pour répondre à cette inquiétude. J'enrage ainsi de ce que, exploitant ce manque, ceux qui ont pignon sur rue aillent contre le sens. Ils ne nous proposent que des lieux communs et de la pensée commune, de l'émotion et du pathétique, à contresens. Dans les univers médiatiques, politiques et parfois même religieux, nous sommes dans le règne du sensationnel, le nez collé aux événements.

Pourtant, combien je préfère cet état de manque à la fausse quiétude du temps de ma jeunesse ! J'ai vécu le début du siècle dernier : le terrain paraissait solide et tout ronronnait doucement. Les gens vivaient bonnement, sans chercher midi à quatorze heures, dans un conformisme dit de bon aloi où chacun s'accommodait de sa place et de sa situation. Tout bien considéré, on vivait dans un carcan. L'autorité était sacrée, intouchable, et ne pouvait pas être remise en question. La petite minorité qui osait l'attaquer, c'était le Mal, Satan. Toute velléité de changement était ainsi étouffée sans faire de bruit. C'était calme, mais terriblement superficiel. Les valeurs sacrées – et qui étaient défendues comme telles – semblaient éternelles mais, statues aux pieds d'argile, elles tenaient plus de la tradition, de coutumes que d'une conviction profonde et intérieure. Ce mode de fonctionnement social n'était pas dans le faux, il apportait de la sécurité. Il n'était cependant pas non plus dans le vrai. Il était à côté : à côté de l'homme et de sa vérité, en dehors de sa recherche. Le propre de l'homme, dans sa grandeur et sa misère, est de chercher, de ne pas se satisfaire de son état ou de convictions prêtes à porter.

Mais le vernis de surface s'est craquelé. Le bel ordre, respecté mais illusoire, s'est aussitôt effondré. On étouffait. L'aspiration à une plus grande liberté a bientôt fini par l'emporter. Tout aussitôt, on est tombé dans l'excès contraire : plus rien n'exige le respect, plus rien ne tient, rien de rien. Nous avons quitté les sentiers trop balisés pour un monde de sables mouvants. On étouffe de nouveau, mais pour la raison inverse : plus rien à quoi s'accrocher ! Avant, de manière simplette, ni discutée ni réfléchie, on savait pourquoi on vivait et pourquoi on mourait. Désormais, tout est relativisé, tout est attaqué, avili. Les sécurités, certes superficielles, ont été larguées pour l'absence totale de sécurité et de signification. Pour le meilleur, on s'est enfin réveillé au questionnement, à l'inquiétude du sens qui ne peut jamais être acquis ou imposé. Pour le pire, l'homme contemporain en reste à cette inquiétude sans pouvoir trouver d'issue.

Outre la complicité des institutions et des personnes en vue, je vois trois causes à cela. La première est que, loin d'entrer dans un chemin de pensée, nous sommes aujourd'hui fascinés par la raison, au point de ne pouvoir nous libérer de la ratiocination qui n'ouvre aucun horizon. Tout est sujet à discussions sans fin, tout est sans cesse remis en question, toutes les valeurs. Comme l'arbre cache la forêt, des détails, des broutilles, des événements singuliers sont tellement mis en relief que le reste de l'univers n'apparaît plus, ni aucune vision d'ensemble qui donne à chaque chose sa place dans un tout unifié. Nous sommes ballottés d'une question à l'autre.

En second lieu, cette raison raisonnante est scindée du rapport à l'action qui, elle, est guidée par le feeling, l'émotion du moment. Là aussi, plus d'unité : les gens passent de l'exaltation au tragique en un instant. Ce règne de l'affect empêche l'épanouissement du cœur dans une suite de sentiments passagers, transitoires, contradictoires. Nous sommes ballottés d'une émotion à l'autre.

Enfin, le divertissement est roi : dans un tourbillon vertigineux, il offre une succession de plaisirs ou de devoirs à honorer sans cesse pour échapper au vide. On se noie dans la fête, la consommation, le travail, l'activisme. Le nez dans le guidon, un tour de roue doit impérativement succéder à l'autre pour nous empêcher de tomber, sans que jamais une orientation, un horizon, un sens, enfin, soit contemplé et visé.

Qu'ai-je donc à proposer, moi, une vieille religieuse de quatre-vingt-quinze ans ? Oh, rien que j'aie inventé toute seule ! Je voudrais raconter dans ce livre la chance que j'ai eue très tôt : j'ai rencontré un penseur de génie. Depuis mon adolescence, Blaise Pascal est mon maître à penser, et donc mon maître de vie. Si ses *Pensées* sont devenues mon livre de chevet, c'est parce que, à leur lecture, j'ai trouvé la clef m'ouvrant au présent. Au scalpel de ses *Pensées*, il a tranché dans le vif et mis au jour le tréfonds le plus humain de mon être, enfoui sous la couche d'un passé mort. Nous sommes tous rivés à un amas de souvenirs, d'heurs et malheurs passés, qui pèsent et nous entravent. Le scalpel a ceci en propre : il tranche et ouvre, découvre.

Ce que dit Pascal éclate de vérité, c'est concret et radieux, cela descend très profond. Avec lui, on peut se comprendre : comme il nous est proche ! Cet homme est de tous les temps parce qu'il ne s'arrête pas à l'apparence. Il va à la racine et à la source. Cet homme mal dans sa peau, torturé, a pourtant trouvé une source de vie extraordinaire. Il est moderne encore en ce qu'il part de l'homme dans sa réalité. Il ose affronter l'homme, dans sa grandeur comme dans sa misère, « cœur creux et plein d'ordure ». Pascal est moderne, enfin, parce qu'il n'accepte aucun argument d'autorité, aucune démonstration qui ne respecte pas sa liberté de pensée. Pour lui, la pensée libre est le fondement de la valeur inaliénable de l'homme.

Ne t'effraie pas, lecteur : ce n'est pas un ouvrage de philosophie que je viens te proposer. D'abord, j'en serais bien incapable. Ensuite, même si, dit-on, « la philosophie est à la mode », les philosophes n'ont pas, pas plus que l'homme de la rue, trouvé de réponse. Je viens de lire une série d'articles du *Nouvel Observateur* au titre alléchant (n° 2019, juillet 2003) : « Comment affronter le monde d'aujourd'hui ? De Platon à Nietzsche, la réponse des grands philosophes ». Personnellement, je trouve que chacun de ces articles est un petit chef-d'œuvre, qui emploie de grands mots et de belles formules, mais pour ne rien dire. Aucun de ces exercices de l'esprit n'apporte une solution aux problèmes que, justement, il soulève. C'est vide, vide, c'est le vide total. Nous verrons plus avant, avec Pascal, à quoi tient cette impuissance de la seule raison. De fait, « se moquer de la philosophie, c'est vraiment philosopher » (fragment 4-513, p. 51).

Il y a pourtant un chemin qui apporte des réponses, car la pensée est plus vaste que la philosophie. Penser véritablement n'est pas une manière de ratiociner, où la raison tournerait sur elle-même comme Don Quichotte courait après les moulins à vent. Pascal portait toujours sur lui, cousu dans son pourpoint, ce qu'il appelait son « Mémorial ». Sur un feuillet, il avait transcrit l'expérience de « feu » qu'il fit une nuit de novembre 1654, où il découvrit que le « Dieu d'Abraham, Dieu d'Isaac, Dieu de Jacob » n'est pas celui « des philosophes et des savants ». Au cœur de ces lignes, une exclamation : « Joie, joie, joie, pleurs de joie ». Je crois que cette expérience flamboyante du sens n'est pas limitée à son contexte de foi, qu'elle n'est pas réservée aux croyants. Supposons que nous partions ensemble de cette source extraordinaire de joie ?

Le propos de ce livre est de faire connaître à mes contemporains en quête de libération un chemin de paix, un chemin de joie : la pensée de Blaise Pascal. Celle-ci consiste essentiellement dans la distinction et l'articulation entre trois « ordres ». L'ordre de la matière, l'ordre de l'esprit et l'ordre de l'amour sont trois modes d'existence, trois façons pour l'homme de se situer par rapport au monde, à Dieu et à lui-même. Au terme du parcours, j'espère avoir montré que le sens de la vie ne se trouve ni dans l'ordre de la matière ni dans celui de l'esprit, tous deux par ailleurs considérables et nécessaires, mais seulement dans le troisième, l'ordre du cœur.

Pour emprunter ce chemin, il nous faut comme Pascal partir du manque, de la faiblesse ontologique de l'homme et de son angoisse. Il ne s'agit pas cependant d'y rester vautré ou de s'y complaire. À la différence des philosophes qui s'y enlisent, Pascal, lui, affronte le problème pour y répondre. Fondamentalement, si j'écris ce livre, c'est pour faire partager la libération qu'apporte la pensée de Pascal, pour proposer un chemin de sens.

⁂

Je n'aurais jamais eu l'audace d'entreprendre la rédaction de ce livre si l'abbé Philippe Asso ne m'avait pas encouragée et apporté sa nécessaire collaboration. Je dois aussi beaucoup à d'autres auteurs. Je n'en citerai que quelques-uns. En premier lieu, c'est après avoir lu *Rencontre d'immensité, une lecture de Pascal,* d'Éloi Leclerc (Desclée de Brouwer, 1993), que j'ai décidé de me mettre à l'ouvrage. Ensuite, j'ai particulièrement appris de Jean Mesnard, *Les Pensées de Pascal* (Sedes, 1993) et de l'introduction de Michel Le Guern à son édition des *Pensées* (Gallimard, Folio, 1977). Philippe Asso et moi-même tenons vivement à remercier ce dernier : il a accepté de vérifier notre interprétation de Pascal.

Dans les pages qui vont suivre, les citations des *Pensées* sont prises dans l'édition de Léon Brunschvicg *, qui n'est certes ni la meilleure ni la plus actuelle, mais qui est celle que j'ai fréquentée durant toute ma vie.

* PASCAL, *Pensées*, GF-Flammarion, Paris, 1976. Les références des citations sont précisées en fin d'ouvrage.

Premier mouvement

Grandeur et misère de l'homme

Chapitre I
La pensée et la matière

En 1923, un soir d'automne, j'allais entrer en relation avec Blaise Pascal. J'approchais de mes quinze ans. Je ne savais pas que cette année célébrait le tricentenaire de la naissance du penseur qui, sans que je m'en doute, devait jouer un rôle primordial dans l'épanouissement de ma personnalité. Si je suis ce que je suis, un être un peu bizarre parfois, c'est en partie grâce à lui. Raconter cette expérience essentielle me mènera naturellement à parler ensuite du premier « ordre » pascalien, celui de la matière, puis du profond élan de convoitise qui nous habite.

Je suis un roseau pensant !

À cette époque, j'étais un spécimen de l'âge ingrat. J'avais des membres poussés en graine, le visage boutonneux, des cheveux en désordre, une moue désabusée aux lèvres. Je n'étais satisfaite de rien et tout me paraissait sujet à critique. Je commençais à éprouver ce sentiment qui, d'une manière où d'une autre, me tarauderait tout au long de ma vie : l'impression de passer mon temps à taper du poing et à me battre contre des murs, d'être constamment renvoyée à ma totale impuissance.

Ma famille habitait à Bruxelles une maison de plusieurs étages. Au rez-de-chaussée se tenaient les bureaux où ma mère, après la mort de mon père, avait pris les rênes de la fabrique de lingerie fine. Au premier, à côté de la salle à manger, une pièce servait de salle de devoir pour mon frère et moi. J'avais un jour décrété que mon frère me gênait et avais installé ma table de travail près de la fenêtre de la vaste salle de bain, au deuxième étage. J'échappais ainsi au contrôle de Mlle Lucie, notre institutrice. Je ne supportais aucune surveillance. Très paresseuse – je le suis encore ! –, je lisais en cachette des romans d'amour à quatre sous.

J'avais deux autres distractions. Une immense glace me permettait de me regarder sans cesse et j'étais sans cesse dépitée de ne pas me voir plus jolie. Par la fenêtre, j'apercevais aussi la silhouette d'un garçon, penché comme moi sur ses livres de classe. Malheureusement, il était trop loin pour que je puisse lui faire des signes. Mais il était une porte ouverte à ma rêverie : était-il beau ? son visage ? ses yeux ? son âge ? son nom ? ses aventures, peut-être ? Ô mon imagination, trotte, trotte !

Avec un soupir résigné, j'ouvre mon cartable désespérément bourré. Un thème grec ! Trop ennuyeux, à laisser pour plus tard. Une version de l'*Iliade* : ça, c'est plus intéressant. J'avais en effet une chance extraordinaire. Les Dames de Marie, la congrégation qui dirigeait mon école, avaient ouvert les humanités gréco-latines aux filles. C'était une première en Belgique, car cet enseignement n'était jusqu'alors accessible qu'aux seuls garçons. Ils conservaient pourtant, eux, le privilège de pouvoir entrer à l'université. Je me suis donc trouvée, durant des années, confrontée à des génies tels que Virgile, Homère et Platon dont la pédagogie du bien et du beau (le fameux « *kalos kagathos* ») m'était une nourriture quotidienne. J'aimais traduire les aventures d'Ulysse dans le français élégant et rigoureux qu'exigeait notre professeur, M. Freson. Je sentais que cet exercice m'aiguisait l'intelligence et me formait l'esprit. J'éprouvais parfois la satisfaction de voir chaque terme transcrit dans sa vérité concrète, sans être altéré par mon interprétation personnelle. Une fois la version terminée, je sors un troisième livre de mon cartable. Quoi encore ? Une page de littérature à étudier. Pourvu que ce ne soit pas trop barbant !

J'ouvre le gros bouquin de textes choisis du Moyen Âge jusqu'à l'époque moderne et, en soupirant, je commence à lire :

> L'homme n'est qu'un roseau, le plus faible de la nature [1].

Tiens, voilà quelqu'un qui veut dire quelque chose ! Quoi de plus faible en effet qu'un roseau : le moindre vent le courbe. C'est l'homme, c'est moi. Je n'ose pas trop me le dire, pauvre petite Madelon : comme je suis fragile ! J'enrage parfois. Impuissante à me contrôler comme à persévérer dans l'effort, un rien me décourage : un mot latin ou grec dont je ne saisis pas rapidement le sens, une page de physique un peu ardue, une dissertation sur un sujet moralisateur... tout ce que je n'aime pas. Comme les hommes de tous les temps, spécialement les adolescents dont les occupations et les soucis n'ont pas encore anesthésié l'angoisse existentielle, j'étais aussi poursuivie par la question insoluble. À quoi ça sert de vivre ? ça n'a pas de sens. À quoi ça sert les études ? Il faut toujours travailler. D'ailleurs, à quoi ça sert d'être sur la terre ? On ne sait pas où on va ni pourquoi on vit. C'est un chemin bouché, c'est ennuyeux au possible, c'est même bête.

Par la fenêtre, je regarde un gros chat noir qui s'étire paresseusement sur le toit d'en face. Le bel animal fourre entre ses pattes sa tête aux moustaches blanches qui frémissent au vent. Il se baigne voluptueusement dans le soleil encore tiède du soir. Comme c'est bon d'être chat ! On n'a qu'à jouir du moment présent et satisfaire ses sens. Pas de problème pour un chat. Manger, boire, dormir. Sentir, pour la maman chatte, ses petits tout contre elle suçant son lait : la vie est belle, pas d'école !

Je m'arrache à ma rêverie et reviens à Pascal.

> L'homme n'est qu'un roseau, le plus faible de la nature, mais c'est un roseau pensant.

Ça m'a fait un choc. L'homme est faible, oui, mais il pense. Un éclair jaillit soudain devant mes yeux : ce chat, lui, ne pense pas ! Quelque chose se met à bouillonner en moi. Je ne suis pas une bête, mais un être humain. Je respire par le corps, oui, comme le chat, mais je suis un être pensant. Je prends conscience que je pense.

À la petite manière d'une adolescente, je faisais cette découverte sensationnelle, d'une étrange nouveauté : j'existe en tant que douée de cette faculté merveilleuse, la pensée. Je répétais ce mot – la pensée ! – qui me réchauffait le corps et l'âme. Je me sentais tout à coup détentrice d'une valeur des milliers de fois supérieure à celle d'un chat. Une bête, c'est bête. Un être humain, ça pense ! Je m'écriai enfin dans un éblouissement naïf : je ne suis pas un chat, j'existe en pensant !

Avidement, cette fois, je reprends ma lecture.

> Il ne faut pas que l'univers s'arme pour l'écraser : une vapeur, une goutte d'eau, suffit pour le tuer. Mais, quand l'univers l'écraserait, l'homme serait encore plus noble que ce qui le tue, parce qu'il sait qu'il meurt et que l'avantage que l'univers a sur lui, l'univers n'en sait rien [2].

Comment ! ce pauvre petit roseau que je suis, comparé à l'immensité de l'univers, possède, malgré lui et dans son étroitesse, une valeur et une noblesse incommensurables. On aurait dit que je buvais un vin de plus en plus enivrant. La vie qui m'avait paru tellement bête prenait un sens : j'échappais soudain au trou noir, à l'impasse où je me battais en vain contre des murs. OUI, je voulais vivre. Vivre pour développer mon être pensant qui dépasse les bornes de l'univers. J'ai tout à coup senti que la noblesse et la valeur de ma vie, loin d'être réduites à rien par mon impuissance et mon incapacité, résidaient dans mon être même et sa capacité de libération. J'étais éblouie de me trouver au seuil d'une porte ouvrant des perspectives jusqu'alors insoupçonnées. Comme je m'en expliquerai plus loin, je pressentais que l'homme, dans sa faiblesse, peut devenir maître de cet univers qui, si facilement, l'écrase. Ah, quelle évasion !

Je termine la lecture du même fragment.

> Toute notre dignité consiste donc en la pensée [...]. Travaillons donc à bien penser : voilà le principe de la morale[3].

Où Pascal veut-il nous conduire ? Il part d'un roseau pour aboutir à une morale ! Brr... quel mot froid et rebutant ! une douche glacée tombe sur mon enthousiasme exalté. J'ai déjà fait remarquer que je ne supportais aucune obligation, aucune contrainte. J'adhérais avant l'heure à la fameuse formule de Mai 68 : « Il est interdit d'interdire. » Morale signifiait carcan qui vous enserre, vous empêche de courir où bon vous semble, de saisir le plaisir qui s'offre, en un mot : de jouir de tout. Car enfin, ce qui attire le plus, c'est le défendu. À l'instant où quoi que ce soit m'était défendu, j'éprouvais une envie irrésistible de m'y précipiter. Ça donne du sel, ça pique la langue, c'est excitant, tandis que tout ce qui est vertueux est assommant. On n'a qu'une vie, il faut en cueillir tous les fruits. L'idéal de la jeune fille « bien élevée » me répugnait. La petite phrase « Cela ne se fait pas » me hérissait. J'y répondais par cette impertinence désinvolte : « Eh bien moi, je le fais ! » ; et j'ajoutais, non sans outrecuidance : « Donc, cela se fera. » D'où venait cette attitude ? Sans doute de ce que je voulais être seule juge du bien et du mal, et ne me voir imposer aucun joug. On pose le mors dans la gueule d'un animal pour le diriger. Suis-je une bête ou une femme libre ?

Que veut donc dire Pascal, qui n'a pas l'air d'être du genre Père Fouettard ? Il m'invite à bien penser. Je dois donc chercher non pas une loi contraignante, mais une pensée constructive qui me ferait grandir dans la « noblesse ». Serait-ce donc cela, la morale : chercher à s'humaniser, croître en dignité proprement humaine, devenir un être plus empreint de sa spécificité de « roseau pensant », entrer ainsi dans une morale ouverte, libératrice de tout ce qui est mesquin ? Je prenais conscience que je vivais confinée dans mon ego, préoccupée uniquement de mes propres sensations. C'était finalement embêtant et triste.

Les adolescents, je le vois bien aujourd'hui à leurs questions, ont parfois de ces éclairs où ils prennent en un instant conscience de toute une philosophie de la vie. Ça peut être ahurissant. Dans mon milieu, personne ne comprenait mon mal-être, mon questionnement, le tunnel où je me sentais prisonnière, mon perpétuel esprit de contradiction. Tout allait bien autour de moi, nous avions une bonne petite vie facile. Pourquoi faisais-je tant de difficultés et pourquoi étais-je toujours mécontente ? Pour ma part, à la lecture de Pascal, j'avais enfin l'impression de courir sur une route ouverte. Enfin quelque chose ! Si la morale reposait non sur des règles dictées, mais sur le principe du bien-penser qui est nécessairement libre, alors elle ne pouvait être que libératrice, dilatante et joyeuse. Ainsi, « la vraie morale se moque de la morale[4] ».

Le soleil commençait à disparaître, le chat n'était plus sur le toit. Dans le soir tombant, j'inaugurai avec Pascal une longue aventure : lutter, jour après jour, pour ne pas laisser mon roseau fragile être ballotté à tous les vents ; découvrir par la force de la pensée les sources d'une vie harmonieuse et équilibrée. Cet équilibre, l'axiome latin *mens sana in corpore sano* – un esprit sain dans un corps sain – l'exprime fort bien. Attention ! Le chemin est hérissé d'obstacles. Ni un sain usage de l'esprit ni un sain usage du corps ne sont en effet acquisitions faciles.

Tout d'abord, le mal-penser est partout. Tous les genres de totalitarisme en donnent de sombres et suprêmes exemples. Au nom d'un faux idéal, on massacre des milliers, voire des millions d'hommes. On arrive même à faire de sa propre mort un instrument de gloire. Celui qui se tue pour provoquer la tuerie de ceux qui ne pensent pas comme lui est à ses yeux et à ceux de ses partisans le héros, le « martyr » d'une cause sacrée. Il entre dans une action qui est pour lui d'une telle grandeur qu'elle ne souffre pas le moindre doute quant à son bien-fondé. Que ce soit dans le domaine politique, comme Hitler, ou dans le domaine religieux, comme un certain islam dévoyé, la racine de la perversion de la pensée est l'idolâtrie : l'idée est devenue un dieu. Dès lors, ce bien dépasse tous les biens et transforme quelque mal que ce soit en un « Super-Bien ». On est hypnotisé au point d'en perdre la raison.

Or, selon l'adage que je viens de citer, l'esprit et le corps ne sont pas séparables. Cette sacralisation qui touche le domaine de l'idéologie atteint nécessairement le rapport au corps et à la matière. Dans le système nazi, il y a une Race pure, divinisée avec le Sang et la Nature. La sacralisation d'une Race légitime la « purification ethnique », c'est-à-dire l'élimination des parts dites impures de l'humanité, à commencer par les Juifs. Pour les terroristes se prétendant « musulmans », l'être n'est certes pas pur a priori. Mais s'immolant tout entier pour une cause sacrée, il atteint une purification telle qu'elle permet automatiquement l'entrée en Paradis. Il faut donc que le corps soit préparé par une liturgie prémortuaire. Dans ce rituel sacrificiel, le candidat au martyre élimine le moindre poil de son corps et se parfume la peau. Tandis que nous tressaillons d'horreur devant une telle dépravation de la pensée, ses adeptes, eux, en frémissent d'adoration. Le sacré, en effet, provoque un sentiment de puissance bien loin de la conscience d'être un roseau, même pensant.

Sans en arriver à ces extrémités cauchemardesques, chacun d'entre nous ne devrait-il pas veiller aux déviations possibles de ses propres raisonnements, qui peuvent facilement ériger une idée en absolu ? Il n'y a qu'à nous entendre discuter parfois : fascinés par l'image de force que nous renvoie notre propre discours, nous ne voyons plus la part de vérité des arguments contraires, et encore moins l'autre qui les soutient.

À l'opposé, comme il est également difficile, dans toute société, de se dégager de la fascination du corps, de la beauté physique, de la séduction de l'argent et du pouvoir ! Or, là aussi, Pascal a été mon phare : il sait faire apparaître un juste rapport à la matière, dans ce qu'elle comporte à la fois d'attrayant et de limité.

Penser la matière

Pour Pascal, la matière, c'est tout simplement ce qui n'est pas « esprit ». On pourrait croire que, homme du XVIIe siècle, Pascal n'accorderait que peu d'importance à tout ce qui n'est pas animé d'intelligence. Rappelons-nous qu'il fut un mathématicien et surtout un physicien de génie. Mais ce n'est pas le plus significatif à mes yeux. C'est en tant que penseur que, loin de mépriser la matière, Pascal écrivait :

> Que l'homme contemple donc la nature entière dans sa haute et pleine majesté ; [...]

> que la terre lui paraisse comme un point au prix du vaste tour que cet astre décrit et qu'il s'étonne de ce que ce vaste tour lui-même n'est qu'une pointe très délicate à l'égard de celui que les astres qui roulent dans le firmament embrassent[5].

À quel point la vastitude et la majesté de l'univers attirent et confondent Pascal ! C'est en effet sous cet aspect premier que l'univers, la nature se présentent à l'homme : d'une telle grandeur qu'il s'en sent écrasé et presque anéanti, point imperceptible et misérable au regard des milliards et milliards d'étoiles, de leurs mouvements et galaxies !

Mais ce n'est encore rien. Non seulement, en levant les yeux vers le ciel, l'homme perçoit les infinis de l'espace, mais aussi, sous ses pieds, s'ouvrent les abîmes de l'infiniment petit. L'homme est ainsi, dans la nature, « un milieu entre rien et tout[6] ». Bien sûr, l'infiniment grand lui est plus immédiatement perceptible, mais la physique moderne nous a accoutumés à voir aussi dans la dimension de l'atome

> une infinité d'univers, dont chacun a son firmament, ses planètes, sa terre, en la même proportion que le monde visible[7].

Voici donc l'homme perdu entre deux infinis également vertigineux. Plus encore : il s'éprouve incapable de les connaître.

> Nous avons beau enfler nos conceptions au-delà des espaces imaginables, nous n'enfantons que des atomes, au prix de la réalité des choses. C'est une sphère infinie dont le centre est partout, la circonférence nulle part[8].
>
> Disproportion de l'homme : [...] Car enfin, qu'est-ce que l'homme dans la nature ? Un néant à l'égard de l'infini, un tout à l'égard du néant, un milieu entre rien et tout [...] également incapable de voir le néant d'où il est tiré, et l'infini où il est englouti [...] dans un désespoir éternel de connaître ni leur principe, ni leur fin[9].

Pascal ne s'est donc pas contenté d'avoir eu l'intuition des deux infinis trois siècles avant Einstein et les accélérateurs de particules. L'expression de son génie est bien plutôt de les avoir situés dans l'homme. La matière est dans l'homme. Entendons bien : même quand il est question de « l'ordre de la matière », c'est encore d'une activité de la pensée dont nous parlons, lorsqu'elle appréhende le monde. Si la matière, elle, ne pense pas, l'homme, lui, a cette faculté de la penser. C'est lui qui pense et se représente le monde, c'est lui qui a conscience à la fois des deux infinis et d'être écartelé en leur milieu, c'est lui qui connaît que la connaissance et la maîtrise de la matière lui échappent. C'est en lui, enfin, que s'opère une sorte de déchirure entre l'aspiration à une grandeur démesurée et la confrontation à son extrême petitesse. C'est en effet étonnant comme l'homme, capable de si grandes choses et de si nobles sentiments, peut dans le même temps montrer de la bassesse, voire de la jouissance dans l'avilissement.

Sans aller jusque-là, il est dans le propre de l'homme d'être habité à la fois par la vision d'espaces infinis et par le constat de ses limites. L'abondante correspondance que je reçois en témoigne. Je suis émue de tant de cris de ceux qui souffrent du formidable écart entre ce qu'ils sont et ce qu'ils voudraient être. Prenant pour exemple un grand seigneur occupé à chasser, Pascal invite son lecteur à assumer la condition humaine :

> Cet homme né pour connaître l'univers, pour juger de toutes choses, pour régir tout un État, le voilà occupé et tout rempli du soin de prendre un lièvre ! Et s'il ne s'abaisse à cela et veuille toujours être tendu, il n'en sera que plus sot, parce qu'il voudra s'élever au-dessus de l'humanité, et il n'est qu'un homme, au bout du compte, c'est-à-dire capable de peu et de beaucoup, de tout et de rien : il est ni ange ni bête, mais homme [10].

Le remarquable équilibre de la position de Pascal nous prévient contre deux tentations insidieuses. D'une part, c'est une fausse piste – et combien décevante ! – que de vouloir sortir de notre contradiction essentielle en niant en nous la bête, le corps, la matière. J'en sais quelque chose. Toute une partie de ma jeunesse religieuse, j'ai lutté pied à pied contre les « tendances de la chair », que je croyais coupables. Je me forçais à peu manger, à moins dormir, à me donner la discipline. Résultat : j'étais de plus en plus tendue, sur les nerfs. Je perdais facilement patience et devenais désagréable avec mes élèves. Jusqu'au jour où un confesseur intelligent me fit comprendre que, loin que les pulsions constituent des péchés, elles font partie de la nature humaine et ne sont en soi ni bonnes ni mauvaises. Il s'agissait, plutôt que d'entrer en lutte avec elles, de les gérer en agissant d'abord sur le corps lui-même : avoir une nourriture saine et suffisante, équilibrer son sommeil, faire du sport. Je sentais le bon père sourire derrière la grille du confessionnal : « Ma sœur, prenez-vous avec humour et sachez rire de vous-même ! Ne dramatisez pas, priez sans complexe comme une enfant qui offre tout à son père. » J'en fus libérée, suivis ses conseils et les suis encore.

Si l'univers religieux est particulièrement sujet, et pour cause, à la tentation de l'angélisme, celle-ci est tout autant séculière. Combien de fois ai-je rencontré des femmes tellement soucieuses d'accomplir un idéal de perfection maternelle qu'elles s'en oubliaient elles-mêmes et finissaient par devenir écrasantes pour leurs enfants ! Sans qu'elles le sachent, j'adaptais pour elles les conseils de mon confesseur : « En vous occupant démesurément des autres, de vos enfants, vous négligez votre propre santé, votre propre corps, votre couple : confiez vos enfants à d'autres, prenez un week-end de vacances, écoutez un disque qui vous plaît, vous n'en serez que plus agréable à vous-même et aux autres. »

Aujourd'hui comme toujours, la tentation de l'angélisme met particulièrement les jeunes en danger. Animés d'une grande soif d'idéal, certains ne supportent plus les déterminations de leur existence et cherchent à les fuir. Les voilà désireux de tout quitter, leurs familles et leurs études, pour s'engager dans l'action humanitaire, dans la lutte écologique, etc. Ils sont prêts à s'engager, et c'est bien, mais ils veulent changer le monde, et c'est impossible. Leur idéal imaginaire d'un monde pur et juste, leur illusion de pouvoir, à eux seuls, y parvenir, sont deux dénis de la condition humaine qui les jettent bientôt dans l'amertume et le découragement. Les voici dangereusement élevés au-dessus de l'humanité et ils en viennent habituellement à une grande dureté de jugement envers tous, convaincus qu'ils sont de la pureté de leur idéal. Pente dangereuse, source de fanatisme ! comme le dit Pascal :

L'homme n'est ni ange ni bête, et le malheur veut que qui veut faire l'ange fait la bête [11].

Que nous ne soyons pas un animal comme les autres ne veut pas dire qu'il nous faille nier l'animal en nous. Nous sommes, pour partie liée, des animaux. Et c'est beau ! Chacun de nos sens n'a-t-il pas été créé par Dieu pour réjouir le cœur de l'homme ? Ainsi le goût d'une friandise, l'odeur d'une fleur, l'écoute de l'harmonie, le toucher d'une main amie ou aimante, la contemplation de la beauté.

Je me souviens d'un fait précis. Au noviciat, où l'on entre pour devenir une « sainte religieuse », la maîtresse des novices était particulièrement vigilante au réfectoire. La nourriture y était soignée. Un jour, ayant peu mangé, je reçus une réprimande pour le moins inattendue : « Qu'allons-nous faire de vous, Sœur Emmanuelle, si vous perdez une de vos plus précieuses qualités, votre bon appétit ! » Forte de son expérience, notre formatrice savait qu'une fine bouche faisant fi d'une bonne pitance risquait, certes, de ne pas pouvoir physiquement accomplir les tâches quotidiennes, mais, surtout, témoignait d'un esprit chagrin qui pourrait ne pas les accomplir joyeusement. Il me semble donc salutaire de reconnaître la valeur des simples plaisirs du corps tel que la nature l'a constitué.

Mais nous ne sommes pas que des animaux ! Jouir humainement de la matière demande à honorer aussi notre nature proprement humaine, pensante et spirituelle. Quoi de plus savoureux qu'un banquet de mets choisis partagés dans une atmosphère de fraternité, où se conjuguent le charnel et le relationnel, le plaisir de bien manger et la joie d'être ensemble ? Quoi de plus réconfortant qu'un couple où l'on s'aime, où la chair, le cœur, l'esprit ont chacun leur part (ce qui, soit dit en passant, permet aux enfants aussi de s'épanouir) ?

Et que dire de l'Évangile, où les repas prennent une telle place et une telle valeur, où Jésus se soucie tant du boire et du manger de ses amis, où lui-même est accusé par les angélistes du temps d'être « un ivrogne et un glouton » (Luc 7, 34) ? Il faut aller jusqu'à constater que c'est au cours d'un repas, le dernier qu'il prit avec ses amis, que Jésus-Christ dit le sens de sa vie et de son identité : il s'offre lui-même comme on partage le pain et le vin. « Ceci est mon corps livré pour vous, ceci est mon sang versé pour vous. » Être homme, n'est-ce pas entrer dans la convivialité de ce qui touche à la fois le corps et l'âme ?

Les trois « libidos »

On ne peut donc qu'approuver ceux qui conseillent d'entrer dans la joie des choses matérielles. Mais il y a un mais. « Les bonnes choses sont pour les bonnes gens, dans une bonne mesure ! » disait ma bonne-maman. Comme elle s'accordait à la vision pascalienne ! Que de maux physiques, d'abord, mais aussi psychiques et spirituels s'enchaînent en cascade lorsque cette petite règle est enfreinte, lorsque la démesure est atteinte, lorsque la jouissance matérielle est séparée de tout le reste et poursuivie pour elle-même !

Jetons d'abord un regard sur la fascination du pouvoir, cette soif de domination dont on retrouve les ravages en tout temps et en tout lieu. Quelle lutte implacable pour devenir le leader incontesté d'une entité politique, religieuse, industrielle, mafieuse ou même familiale ! Tous les moyens sont bons pour écraser l'adversaire ou le gêneur. Nous sommes là, pour ainsi dire, au commencement du monde : « Caïn se jeta sur son frère Abel et le tua » (Genèse 4, 8). Cette fièvre qui monte au cerveau ne surgit-elle pas d'un instinct primaire de meurtre, d'élimination de l'autre, ancré dans la chair au point d'étouffer l'esprit ?

Avec la soif de dominer, nous sommes en fait au sommet des trois « libidos » dont parle la première épître de Jean (2, 16) que Pascal cite et commente :

> Tout ce qui est au monde est concupiscence de la chair, ou concupiscence des yeux, ou orgueil de la vie : *libido sentiendi, libido sciendi, libido dominandi* » *. Malheureuse la terre de malédiction que ces trois fleuves de feu embrasent plutôt qu'ils n'arrosent [12].

Quel est l'être humain qui, un jour ou l'autre, ne s'est pas senti assujetti à l'une de ces trois formes fondamentales de la convoitise ? L'ordre de la matière, lorsqu'il est séparé de l'ordre de l'esprit et de l'ordre du cœur, entraîne un tel esclavage que nul n'est plus maître de soi. En particulier, la soif de puissance peut rendre monomaniaque et faire perdre sa valeur d'homme.

Avec Pascal, mettons un peu d'humour pour décrire la fausse félicité des dominants de son temps, les rois :

> Et c'est enfin le plus grand sujet de félicité de la condition des rois, de ce qu'on essaie sans cesse à les divertir et à leur procurer toute sorte de plaisirs.
>
> Le roi est environné de gens qui ne pensent qu'à divertir le roi, et l'empêcher de penser à lui. Car il est malheureux, tout roi qu'il est, s'il y pense.
>
> Voilà tout ce que les hommes ont pu inventer pour se rendre heureux [13].

Voilà pour la pulsion de dominer.

* L'envie, la pulsion de sentir, de savoir, de dominer (N.d.A.).

Venons-en à la *libido sciendi*, la convoitise du savoir. Au chapitre suivant, je dirai longuement comment celle-ci m'a égarée. Ici, constatons seulement comme est grande l'ambition de l'homme d'asservir la matière à ses fins personnelles, et combien est ambiguë l'excellence de la science et des techniques. Certes, elles font progresser l'humanité, mais, premièrement, sera-ce pour le bien de tous ? Devant la répartition inégale, sur la planète, des bénéfices de la science et de la médecine, ne peut-on pas légitimement se demander si elles ne sont pas les instruments d'une domination d'une partie privilégiée de l'humanité sur une autre ? En second lieu, comment ne pas s'interroger devant certains « progrès » ? Les tentatives de clonage reproductif – et même thérapeutique – ne traduisent-elles pas la tentation de réduire le corps humain, la chair humaine, au rang de choses, de matière enfin disponibles ? Au siècle dernier, la science apparaissait comme la merveille qui allait définitivement dominer la matière et libérer l'homme de tous ses maux. Chimère ! La matière lui échappe et voici maintenant que les acquis même de la science mettent en danger l'atmosphère, l'alimentation, la terre, l'humanité.

Parlons enfin de la *libido sentiendi*, la soif de sentir. Elle nous est, aujourd'hui, la plus familière ! L'appât d'une consommation de plus en plus effrénée incite nos contemporains à gagner toujours davantage d'argent, à quelque prix (si j'ose dire !) que ce soit. La corruption atteint le niveau le plus élevé des États, des institutions, des entreprises, parfois en totale impunité. Idi Amin Dada, l'ancien dictateur ougandais, est mort paisiblement sans avoir jamais été poursuivi. On estime à au moins cent mille le nombre de personnes qu'il a fait disparaître, souvent pour s'emparer de leurs biens... Autre phénomène bien connu, le commerce de la drogue enrichit scandaleusement quantité de criminels de tout acabit : « Pourquoi voulez-vous que je travaille, ma sœur ? me répond un dealer, je gagne en un jour plus qu'en une année de travail ! »

Attention, ne jugeons pas ! Si l'on creuse plus avant cette apparence de grand train, cette consommation inlassable de sensations, quel mal d'être, quelles profondes angoisses ! Essayons plutôt de ressentir jusque dans notre propre chair, justement, le cri de souffrance qui s'exprime dans ces courses effrénées au seul plaisir. Sœur Nina, une compagne de communauté, fut pour moi comme une lumière à ce propos. Alors jeune religieuse, je la rencontrai à mon arrivée à Istanbul. Chaque fois qu'elle apprenait l'histoire lamentable de telle ou tel, je l'entendais s'écrier : « Qu'est-ce que *nous* sommes ! » Ce « nous », elle le prononçait avec une telle intonation désolée que je voyais bien qu'elle vivait ce drame en elle et pour elle, qu'elle se sentait porteuse de la même et viscérale faiblesse. Venue d'un pauvre village du fin fond de la Géorgie, elle n'avait pas lu Pascal, mais, comme lui, s'appliquait à elle-même ce qu'elle connaissait de l'humanité dans son ensemble :

> Que le cœur de l'homme est creux et plein d'ordure [14] !

Quel effrayant contraste : le cœur de l'homme est tout à la fois creux, évidé, et plein de tout ce qui est rebut, bon pour les poubelles. L'ordure va jusqu'à symboliser le néant des plaisirs éphémères, leur appel et leur fuite perpétuelle vers une répétition sans plénitude aucune, vent dévastateur qui s'engouffre, emporte et nous laisse vides. Cette pensée est parmi celles qui m'ont le plus « creusée », c'est comme si je la sentais parfois palpiter en moi et autour de moi. Tant d'expressions différentes reviennent au même constat. Ici, c'est un saint qui révèle avoir vu un jour son propre cœur, nu et cru, et en a été horrifié. Là, c'est le penseur Joseph de Maistre qui osait écrire : « Je ne connais pas le cœur d'un criminel, mais celui d'un honnête homme et ce que j'y vois m'épouvante ! »

Le déni et le culte de la mort

Franchissons enfin un dernier pas. La condition matérielle de l'homme, son animalité, sa corporéité impliquent aussi qu'il doit mourir.

> Le dernier acte est sanglant, quelque belle que soit la comédie et tout le reste : on jette enfin de la terre sur la tête, et en voilà pour jamais [15].

Notre débat devant la mort ne tient pas que de notre nature animale, d'une sorte de fatalité due à la nature. Il tient aussi de notre conscience proprement humaine. « L'homme est le seul animal qui sache qu'il doit mourir », a écrit André Malraux. Or, face à cela, deux réactions opposées se manifestent souvent : le déni de la mort et le culte de la mort.

La première attitude est occultante : plus de noir corbillard tiré par de noirs chevaux, mais de claires fourgonnettes convoyant les corps. Plus de visages altérés, mais beaucoup de maquillage ! Plus de chants lugubres aux cérémonies funèbres. Dans ce monde où l'imaginaire est roi, on en arrive à nier certains aspects de la condition humaine. Le fonds de commerce de la publicité n'est-il pas de nous seriner sans cesse : « Alléluia, soyons tous et toujours beaux, jeunes et pleins de santé ! ». Dans son horrible splendeur, l'angélisme règne ici à plein, dans le déni de la condition humaine, le déni du temps, de la maladie, de la mort.

Tout à l'opposé, un goût pour le morbide se développe aujourd'hui. On affiche des vêtements sombres, on orne sa chambre d'une tête de mort et d'images macabres, telle que me l'avait un jour prêtée un jeune ami. J'ai dormi dans des draps noirs, avec une couverture quasi mortuaire, dans une pièce éclairée (c'est une façon de parler) de lampes noires. Le lendemain, il m'a simplement expliqué qu'il se préparait ainsi chaque jour à la mort et qu'il avait pensé me faire plaisir. Je lui ai répondu : « Cela ne m'a pas empêchée de dormir mais, vois-tu, je préfère le blanc ! » Nous avons tous deux éclaté de rire. À vrai dire, il n'allait pas, lui, jusqu'à déterrer des cadavres ou organiser de pseudo-messes noires, comme le font certains.

Prenons au sérieux nos pulsions morbides : la mort va jusqu'à fasciner, le suicide vient parfois nous tenter. Pour ceux qui en jouissent, la vie paraît belle. Mais pour ceux qui en pâtissent, elle semble funeste. Pour tous, elle est chaotique, roue qui tourne, nous pousse un jour au sommet, à l'abjection le lendemain, avec une implacable égalité. Roi ou mendiant, l'épilogue est le même : un cadavre descend dans la terre.

Pour en finir là, à quoi ça sert de vivre ? Ne sommes-nous pas en pleine comédie ? Un soir de mon adolescence, écœurée de tout, j'ouvre la fenêtre de ma chambre à coucher. Elle était au deuxième étage. Je me vois encore me pencher sur la rue. Sauter, et… *finita la commedia* ! Qu'est-ce qui m'a arrêtée ce jour-là ? Le roseau pensant ? L'homme, être misérable mais grand par la pensée ? Ou plutôt la peur frissonnante de mourir écrasée sur le trottoir, pire, de vivre les membres disloqués ? J'ai refermé la fenêtre et ne l'ai plus jamais ouverte dans les mêmes dispositions.

Comme je me sens, dès lors, en communion avec ceux qui, sous un ciel plombé, sur une terre hostile, sont hypnotisés par le saut final dans la tombe ! D'où vient donc cet écœurement, ce mal-être qui se loge aussi bien dans la tête, dans la sensibilité, dans les tripes et qui emplit notre bouche de nausée ? Que d'expressions de désespoir ai-je entendues, cris qui se répercutent en écho et qui font mal, surtout quand on a passé par là ! Le pire est qu'on se sent emprisonné dans un mouroir sans pouvoir en trouver l'issue, ni la cause. On ne voit partout que corruption, injustice, odeur de mort. L'amour ? Un mensonge vide de sens. La haine habite la planète, et jusque dans mon propre cœur ! Certains se sentent maudits, maudits des hommes, maudits de Dieu, s'il existe : terrible souffrance que celle de Jacob luttant non plus avec l'ange de Dieu, mais avec l'ange de la mort.

Pourquoi en arrive-t-on là, à en être obnubilé par la seule face ténébreuse de la condition humaine ? Qu'est-ce qui manque pour que tout soit insupportable et insensé, tellement bête et vide ? Il faut tout de même un intérêt pour vivre. Car nous les portons en nous-mêmes, et non en dehors, ces forces vives. Mais elles nous mangent de l'intérieur si elles ne trouvent pas à s'exprimer. Le néant, c'est l'absence de terrain où puisse s'investir la soif d'être, de vivre et d'être soi. Quand l'élan de la vie tourne à vide, alors on s'accroche à des solutions provisoires, à des riens, le look, la situation sociale. On tente de vivre seulement pour vivre, on reflue dans le seul ordre de la matière. Mais certains font très tôt l'expérience, que d'autres feront plus tard, ou peut-être jamais, qu'on ne peut s'accrocher à rien en cette vie, que tous ces succédanés ne sont que vanités éphémères.

Si la sortie du néant ne réside pas dans l'ordre de la matière, dans la satisfaction effrénée de nos convoitises, serait-elle alors à chercher dans les choses de l'esprit ? Cette noblesse qui nous vient de la pensée serait-elle l'échappée au non-sens qui, de toute part, nous étreint ?

Chapitre II
La raison paradoxale

J'ai été, quant à moi, fascinée par les choses de l'esprit. D'une part, Pascal me fit découvrir la grandeur pensante de l'homme. Adolescente, je me suis sentie vivante et parée d'une nouvelle dignité. J'avais soudain saisi que l'univers dans toute son immensité ne vaut pas une seule pensée. L'univers est inconscient et, par là, informe et immobile, sans ce tressaillement de l'esprit. La circulation des astres, sidérante en son amplitude et son foisonnement, est en effet subie et non pensée : ça bouge, et puis c'est fini. C'est nous, humains, qui animons l'univers. Ma responsabilité est donc d'entrer dans un chemin de pensée, de bien penser.

D'autre part, la pensée amène à reconnaître avec Pascal la valeur de l'ordre de la matière. Encore faut-il, je l'ai dit, que notre rapport à la matière soit correctement ajusté. Car nous pouvons aussi y être entraînés trop loin, trop bas. Or, jeune femme, j'eus à me détacher de cette menace. J'en dirai là-dessus davantage dans le chapitre suivant.

Ma soif se fit donc impérieuse et universelle. Je voulais tout connaître, tout comprendre, tout assimiler : la philosophie d'abord, mais aussi l'histoire de l'humanité, les astres, l'archéologie, l'écriture cunéiforme et les hiéroglyphes, les sciences et les arts, profanes et religieux, la théologie et les œuvres littéraires. Tout m'était passionnant. Je lisais tout, j'annotais, je résumais dans des cahiers de couleurs différentes, selon une classification des thèmes. D'année en année, les cahiers s'amoncelaient. J'étais une acharnée de l'intelligence et ma curiosité n'était jamais assouvie.

Cette soif inextinguible ne fut pas exempte d'épreuves. La première fut le déroulement chaotique de mes études. La deuxième, plus dure, fut de mesurer l'échec de la raison. Enfin, je fis l'expérience radicale de ma propre incapacité.

Un parcours en dents de scie

Pour commencer, mon attitude n'a pas été sans ambiguïté quant aux études. J'avais un appétit formidable de connaissances, mais je les ai toujours relativisées par rapport à mon objectif premier, le service des enfants pauvres. Au sortir du noviciat, j'ai en effet refusé de poursuivre les études en Sorbonne que me proposait pourtant ma supérieure générale, mère Gonzalès. Elle qui était si soucieuse de l'épanouissement de chaque sœur voyait bien ma soif en ce domaine. Mais, après deux ans de formation intensive à la vie religieuse, j'étais pressée de me mettre au travail. N'était-ce pas pour cela que j'étais entrée à Notre-Dame-de-Sion ? Mon proche départ pour la Turquie remplissait mon cœur de joie. Et puis, en ce temps-là, le bac suffisait pour enseigner en primaire.

Plus tard, affectée aux classes moyennes (ce qui correspond aujourd'hui au collège), je compris qu'un diplôme universitaire m'était désormais nécessaire. La Seconde Guerre mondiale plongeait alors l'Europe dans le chaos : impossible, d'Istanbul, d'entrer en contact avec la Sorbonne. Je me suis donc inscrite à l'université locale pour une licence de lettres françaises. Du temps libre m'était concédé pour ce faire, et je passai bientôt le premier certificat de philosophie. L'année suivante, une des sœurs fut appelée en Roumanie et je me vis obligée d'assurer son poste en plus du mien. Premier arrêt involontaire dans mon cursus ! Avec patience, j'attendis un moment plus favorable. Mais voilà que, les années passant, j'approche de la cinquantaine. On m'envoie en Tunisie et l'occasion me semble bonne pour un redémarrage. Je peux en effet m'inscrire au

Centre culturel français de Tunis qui, cette fois, dépend de la Sorbonne et permet l'obtention de la licence. Je rends grâces à mes humanités belges, qui m'ont laissé de solides bases de latin et de grec. À la fin de l'année, je réussis en effet l'examen écrit dont j'ai potassé les matières le soir, une fois mes cours terminés. En route pour l'oral à Paris ! Dès le pied posé sur le bateau, je souffre d'un terrible mal de mer : impossible de réviser ! Je passe la traversée couchée, secouée de nausées. J'arrive dans la capitale comme une mourante, je ne tiens pas debout. Une bonne âme téléphone à Notre-Dame-de-Sion, et deux sœurs accourent bientôt pour me récupérer, traînée sur un chariot avec mes bagages ! Un médecin m'ausculte au couvent : mon pouls est faible et ma respiration difficile. Cet incident de santé ne compromet pas, malgré mon inquiétude, mon examen : mal préparée et en piteux état, j'obtiens tout de même la moyenne. Mais une conséquence plus grave se manifeste : la supérieure de Tunis me demande d'arrêter la licence, craignant que sa préparation ajoutée à l'enseignement ne soit pas compatible avec ma santé.

Ce fut un coup de tonnerre qui m'ébranla de la tête aux pieds. Comment ! sans demander une seule heure de remplacement, j'avais réussi mon certificat. J'avais certes eu le mal de mer, mais j'étais désormais en parfaite santé. Alors que tout allait pour le mieux dans le meilleur des mondes, on me stoppait ! Ma tête se brisait contre des barreaux stupidement dressés. J'étais clouée sur place au lieu d'avancer, rapide, dans un univers qui m'enivrait intellectuellement et répondait à ma soif d'être. Une sensation de mort s'insinuait en moi.

Ma seule échappatoire fut la prière. J'allais à la chapelle me répandre en récriminations, genre Don Camillo : « Enfin, Seigneur, comment laisses-tu faire une idiotie pareille ? La stupidité de mes supérieures, ça t'est égal ? » Les paroles que nous adressait notre formatrice, la maîtresse des novices, me revinrent soudain en mémoire : « Votre vœu d'obéissance vous paraîtra peut-être un jour comme un carcan de mort. Vous serez alors davantage unies au Christ cloué en croix, unies davantage, aussi, à une multitude d'hommes et de femmes – plus de femmes, sans doute, que d'hommes – qui se débattent dans des liens combien plus oppressants que les vôtres ! » Elle y allait fort, mère Marie-Alphonse, mais elle avait raison. C'est bien de prier pour ceux qui souffrent, mais, une fois que l'on a souffert soi-même, le cœur s'ouvre, la prière change, et l'action aussi. On devient à la fois plus avide et plus capable de soulager la souffrance.

Rappelle-toi ta ferveur première, Emmanuelle ! Au sortir du noviciat, c'est toi qui refuses la proposition de ta supérieure, l'inscription à la Sorbonne, pour te consacrer uniquement à l'enfance prisonnière de son état impuissant et de sa condition sociale. Tu rêves de partager la pauvreté humaine, mais tu cherches drôlement à t'enrichir ! Ce désir d'accumulation du savoir n'a-t-il pas à voir avec l'accumulation des biens et des plaisirs matériels ? Cette révolte qui te tient n'a-t-elle pas à voir avec la recherche de la jouissance centrée sur soi-même ? Tu prétends servir et aimer, mais vois ton orgueil, ton égocentrisme, ta vanité. Vois l'ampleur de ton ego, dans son désir de croître et de paraître ! Rappelle-toi Pascal :

> Nous ne nous contentons pas de la vie que nous avons en nous et en notre propre être : nous voulons vivre dans l'idée des autres d'une vie imaginaire et nous nous efforçons pour cela de paraître. Nous travaillons incessamment à embellir et conserver notre être imaginaire et négligeons le véritable [1].

La tempête dura plusieurs jours. Finalement je compris, aidée par Pascal et soulevée par la prière, l'ampleur de l'imaginaire dans mes motivations. Je m'étais enfoncée dans la *libido sciendi*, la convoitise du savoir. Ne voulais-je pas tout connaître, tout comprendre ? Quelle folie que le désir de la totalité ! Cela dépasse les forces humaines et cela centre sur soi. Alors que mon être véritable trouvait sa joie et sa grandeur dans le service des enfants, voici que quelque chose en moi dépensait des efforts désespérés pour courir après un but illusoire et construire une image puissante de moi-même, à mes propres yeux et à ceux des autres. Quelle misère de t'effondrer, Emmanuelle, parce que tu n'arrives pas à paraître… une plume de licence à ton chapeau !

Il était judicieux, certes, de vouloir acquérir un diplôme, maintenant que j'enseignais à de plus grandes élèves. Plus largement, l'étude m'apportait une ouverture sur le monde et sur l'homme. La culture véritable donne en effet un regard universel, un regard de respect pour chaque culture, un regard qui perçoit leur valeur singulière. Mais c'est l'acharnement pour les études qui se dégonfla en moi, ainsi que la bulle amère de ma révolte. Finalement, d'ailleurs, les événements me permirent de préparer les différents examens et, à cinquante-cinq ans, je l'obtins enfin, cette fameuse licence de lettres classiques dont les épisodes jalonnèrent vingt ans de mon existence !

Le doute et l'échec de la raison

Pendant la même période, j'eus à affronter une épreuve de plus grave nature, celle du doute et de l'échec de la raison raisonnante. Les relents de cette crise n'ont d'ailleurs jamais complètement disparu.

Pour ce qui est de ma foi de chrétienne, il faut bien avouer que, arrivant en Turquie, j'avais ce que l'on nomme la « foi du charbonnier ». Rien, absolument rien de ce qu'enseignait le magistère de l'Église ne pouvait être mis en doute. Du milieu rigoureusement « catho » où j'avais grandi, j'étais passée directement au couvent. Or c'est un phénomène général que toute conviction, religieuse, politique ou morale subit des assauts divers et risque de se perdre une fois sortie du milieu où elle s'est forgée.

À l'université d'Istanbul, dont j'ai déjà parlé, j'entrai en contact avec les mondes musulman et juif. J'eus des professeurs d'une valeur hors pair, aussi bien intellectuelle que religieuse et morale. Pour M. Feyzi, le Prophète, c'était Mahomet ; pour M. Auerbach, c'était Moïse ; et pour moi, c'était Jésus. *Quid est Veritas ?*, qu'est-ce que la Vérité (avec majuscule !). Oui, où est-elle, la Vérité absolue ?

Cette question retentit brusquement en moi comme un éclair. De nos jours, les jeunes, après avoir facilement accepté les leçons du catéchisme dans leur enfance, refusent plus tard d'y adhérer. Plongés dans un monde où Dieu semble absent, ils se sentent en conformité avec leur milieu. Ma position était autrement dramatique : je m'étais consacrée corps et âme au Christ, sûre qu'il était la lumière. Égoïste de tempérament, j'avais trouvé en lui la source d'amour qui me portait avec passion vers les autres, et surtout vers les enfants. Toute ma vie était-elle bâtie sur une illusion ? Me voilà bien ! J'étais « embarquée », selon le terme pascalien, sur une voie qui désormais me semblait incertaine. Que faire, où aller, quel chemin prendre ? Je me trouvais soudain plongée dans un tunnel obscur et sans issue.

Ainsi ai-je été longtemps déchirée entre mon cœur, toujours attaché à la foi, et mon esprit, qui en réclamait des preuves. Affectivement, je disais oui à Dieu, rationnellement je lui disais non. Or je suis absolue, je ne peux pas rester à la porte. Je voulais casser cette porte et trouver Dieu par mon propre raisonnement. J'appliquais à moi-même cette maxime de Marc Aurèle souvent répétée à mes élèves : « L'obstacle est matière à action. » Elle devait bien se trouver quelque part, la Vérité !

Mettant à profit la préparation de mon certificat de philosophie, je cherchais un système sûr, un outil propre à la découverte. Ah bien oui ! Quelle déconvenue. Je constatais que chaque « grand » philosophe prétend à un discours meilleur que celui de ses prédécesseurs, discours qui sera à son tour controversé. J'étais au « rouet », comme dit Montaigne : elle tourne, tourne, la roue, sans s'arrêter. En ce temps-là, Bergson était le grand pontife du Collège de France. Je me rendais bien compte qu'il passerait à son tour, ce qui n'a pas manqué.

Je restai sur ma faim. Qu'à cela ne tienne, il fallait chercher ailleurs. Je me lançai dans l'étude de toutes les religions, à la poursuite de celle qui m'apporterait des preuves irrécusables. Je m'intéressai spécialement à quelques figures de proue. J'en cite quelques-unes au hasard : Gilgamesh, le héros suméro-akkadien, dans sa quête illusoire de l'immortalité ; Akhenaton et sa délicieuse épouse, Néfertiti, qui inaugure en Égypte le culte éphémère du dieu unique Amon ; Brahmâ, avec l'ordre cosmique, omniscient et omniprésent ; Bouddha, l'Éveillé, dont la voie de sagesse suscite encore de nombreux disciples ; des Chinois, aussi, Lao-Tseu, le fin lettré, et Confucius, le philosophe de la morale. Je me plongeai dans l'étude du judaïsme, m'arrêtant longuement à Maimonide et à son œuvre maîtresse, le *Guide des égarés*, qui tend à réconcilier la foi et raison. Je m'attaquai à l'islam, où la figure extraordinaire de Halladj me fascina à tel point que je lus et relus l'œuvre considérable que Louis Massignon lui avait consacrée. Partout, je recueillais des rayons de lumière. Enfin, j'en arrivai au christianisme. Certes, la vie passionnante du Christ mort par amour des hommes réchauffait l'âme. Oui, mais – car il y a un grand mais – qui me prouve que, comme l'affirme le *Credo*, le symbole de Nicée, il est « Dieu de Dieu, lumière de lumière » ? Déçue une fois de plus, je fermai mon gros bouquin en pestant. Je jetai un regard désabusé sur les cahiers où j'avais accumulé tant de notes sur les philosophies et les religions avec un naïf espoir. Que de temps perdu !

Y avait-il une autre voie à explorer ? Comment n'y avais-je pas pensé plus tôt ? C'était de théologie que j'avais besoin ! Thomas d'Aquin, surtout, me séduisit. Je dois confesser que je n'ai pas lu tous les volumes de la *Somme théologique*. Mais, m'arrêtant aux cinq preuves de l'existence de Dieu, je ne fus pas satisfaite par l'argument, quelle que soit sa valeur par ailleurs. Pour faire bref, l'étude de la théologie ne me procura pas le CQFD (ce qu'il faut démontrer) susceptible d'assouvir ma recherche.

Finalement, j'en arrivai à la conclusion désespérante que la raison ratiocinante ne pouvait rien m'apporter. Plus tard, je constaterai combien cette étude m'avait enrichie. Ce n'était pas la recherche qui péchait, elle est bonne en elle-même. Il y a dans l'homme une tension légitime vers la vérité. Mais c'est l'objectif assigné à ma recherche qui contenait sa propre impasse : vouloir comprendre Dieu, dans le sens latin du mot, *comprehendere*, « saisir le tout ». Je voulais en effet prendre possession de Dieu lui-même, le maîtriser. Quel orgueil ! quelle démesure de l'imaginaire ! Je m'imaginais capable, à l'égal de Dieu, d'atteindre à la connaissance absolue. Il ne s'agissait plus seulement, ici, de l'accumulation quantitative de connaissances. Le tout quantitatif faisait place au tout qualitatif, à la tentation que connurent Adam et Ève, celle de « devenir comme des dieux » (Genèse 3, 5) une fois consommé le fruit de l'arbre défendu, l'arbre de la connaissance totale.

Une de nos supérieures nous avait donné ce conseil : « Quand vous êtes en quelque difficulté, lisez doucement une page d'Évangile, comme un enfant heureux de lire la belle histoire qu'il laisse retentir dans son cœur. » Assise près du tabernacle, dans le silence qui libère la tension des nerfs et du cerveau, j'aimais méditer le chapitre 6 de l'Évangile selon saint Jean. J'employais la méthode préconisée par saint Ignace dans ses *Exercices*. Je situais d'abord la scène dans son environnement et voyais Jésus assis dans une barque, face à ses auditeurs sur le rivage. Je laissais ensuite retentir dans mon cœur ces paroles stupéfiantes à l'oreille humaine : « Je suis le pain vivant descendu du ciel. Qui mangera ce pain vivra éternellement. Et le pain que je donnerai, c'est ma chair pour la vie du monde » (Jean 6, 51). Il est aisé de comprendre les réactions de ses auditeurs : ils discutent entre eux et s'éloignent en se moquant de ce prophète. Veut-il faire d'eux des anthropophages ? Jésus, sans se laisser déconcerter, se tourne vers les douze apôtres : « Voulez-vous partir, vous aussi ? » Il ne change pas son discours, il ne les retient pas. Le brave Pierre, toujours le premier à se jeter à l'eau, s'écrie : « Seigneur, à qui irions-nous ? Tu as les paroles de la vie éternelle. » Il ne comprend rien, Pierre, mais il croit, lui. Et moi qui doutais, à qui voulais-je aller ? Fallait-il abandonner la lumière qui émanait du Christ pour rejoindre l'esprit du temps, marqué alors par Sartre et Camus et leurs interrogations sur l'absurdité de la vie ?

C'eût été pour moi une radicale contradiction de mon expérience. Depuis l'âge de douze ans, j'éprouvais quotidiennement la force donnée par l'eucharistie, mon pain de vie. Malgré mes doutes et l'orgueil de ma raison, une petite voix murmurait au fond de mon âme : « D'où vient ton dynamisme, ce rebondissement perpétuel, sinon de la présence du Christ en toi ? » Moi, si faible, si inconstante, sans l'appui rassurant de preuves rationnelles, je courais pourtant, enthousiaste, donnant moi aussi de ma chair pour faire jaillir la vie. L'argument concret de l'existence tempérait l'échec du raisonnement abstrait.

Cette période de doute qui s'étendit sur des années fut certes lourde à porter. Mais elle m'a aidée à devenir davantage une sœur universelle. Comme je les comprends, ceux qui doutent, ceux qui refusent de croire, ceux qui cherchent vainement. Ils sont comme une partie de moi-même. Un philosophe agnostique de mes amis me demandait un jour : « D'après toi, comment peut-on avoir la foi ? » Je lui répondis du tac au tac :

« Impossible en tout cas pour les gens comme toi ! – Pourquoi ? – Tout simplement parce que, comme l'affirme Pascal dans son “Mémorial”, Dieu n'est pas le Dieu des philosophes et des savants mais le Dieu d'Abraham, d'Isaac, de Jacob. »

Le Dieu vivant qui se révèle à l'homme vivant ne se trouve ni à force de raisonnement ni au bout d'une lorgnette. Croyant ou non croyant, il faut se méfier d'un pur intellectualisme, évasion du réel et de l'action. Croyant ou non croyant, il faut se méfier de l'impérialisme de la raison. Livrée à sa seule puissance, la raison se croit capable de tout, de tout embrasser, de tout maîtriser. Ce qui m'a sauvée, c'est de me heurter aux limites de la raison et de, finalement, y consentir.

Grandeur et déchéance de la reine d'Orient

Éprouver ma propre incapacité fut pour moi une troisième épreuve. Aussi déstabilisant que me parut le flottement de ma foi, la relation avec de jeunes étudiantes m'offrait à Istanbul un motif constant de joie. Quoi de plus passionnant que l'échange avec ces filles avides de la culture française ? Elles s'ouvraient à des horizons sans frontière, elles étaient fières de ce que le meilleur d'elles-mêmes était mis en valeur. La maîtresse qui éduquait cet épanouissement était considérée comme une personnalité de haut lignage. J'étais entourée d'une admiration et d'une affection sans bornes. Dans ce milieu oriental, on peut même parler d'une sorte de cour dont j'étais la reine incontestée.

Quel changement brutal quand je fus envoyée en Tunisie ! La responsabilité de deux classes de filles de colons français me mettait devant un tout autre public. Ces élèves de douze, treize ans n'allaient à l'école qu'envoyées par leurs parents. Espiègles, elles n'aimaient que chahuter et ne s'en privaient pas avec moi. Le climat humide et chaud de Tunis sapait mes forces. Abattue de fatigue du matin au soir, j'étais incapable de m'imposer à cet âge en ébullition. Elle était loin, la reine d'Orient !

Une belle réussite, quelle qu'elle soit, provoque facilement une sorte d'ivresse trompeuse. L'enseignement, tel du moins qu'il s'exerçait à l'époque, offrait une position de pouvoir. De son très haut pupitre, le professeur dominait physiquement la situation, il énonçait des vérités indiscutables. Il se sentait maître incontesté du savoir dont il était le souverain dispensateur. Prêtres et prêtresses de l'esprit, nous étions les Transmetteurs du Savoir ! Dans un tel contexte, comme il était facile de se surévaluer, de se considérer comme un surhomme – une surfemme – dépassant le reste des êtres humains ! Le visage affiche un air de supériorité, la démarche se fait fière et la parole adopte un ton d'importance.

Le revers tunisien vint piquer ce beau ballon. J'étais dégonflée. J'en perdais ma confiance en moi, la dépression était à la porte. Il ne restait qu'un pauvre être devant son néant.

Pascal illustre magistralement la contradiction inhérente à l'ordre de l'esprit. D'un côté, il affirme la grandeur de l'intelligence : « Penser fait la grandeur de l'homme[2]. » De l'autre, il en clame la limite. Malgré son appétit et son génie universels, il n'a pu lui-même saisir qu'une part infime de l'univers. Comme il a dû ressentir cruellement l'abîme qui séparait sa soif de connaître et le peu qu'il lui était permis d'appréhender : écart monstrueux !

> Disproportion de l'homme [...] également incapable de voir le néant d'où il est tiré, et l'infini où il est englouti [...] dans un désespoir éternel de connaître ni leur principe ni leur fin[3].

Nous brûlons du désir de trouver une assiette ferme, une base sûre et constante pour y édifier une tour qui s'élève à l'infini. Sans cesse, nous sommes tentés de céder à l'angélisme, de nier notre condition humaine faite de grandeurs, mais aussi de limites. De fait, ce que l'animal ne peut pas faire parce qu'il n'est pas pensant, nous avons, nous, la capacité de le réaliser. Animaux nous aussi, mais découvrant les lois qui régissent l'Univers, nous avons la faculté de nous en servir, de les utiliser, d'agir sur la matière, de transformer le monde. L'entreprise de notre raison semble ne pas avoir de bornes. Bientôt, le ciel semble à sa portée, elle plie les différences à sa convenance, comme à Babel, lorsque les hommes ne parlaient qu'une seule langue et prétendaient construire une tour. La tentation de « devenir comme des dieux » est toujours à notre porte car la raison, livrée à elle-même, donne un sentiment de toute-puissance. Grandeur et misère que l'aventure dans l'ordre de l'esprit ! Elle semble porteuse de promesses infinies, mais débouche sur le constat de l'impuissance. Alors,

> tout notre fondement craque, et la terre s'ouvre jusqu'aux abîmes [4].

Recherchant sa propre transcendance, en quelque domaine que ce soit, l'homme découvre un jour sa faiblesse ontologique. Comme Adam et Ève, ses yeux viennent à s'ouvrir, mais c'est pour découvrir qu'il est nu.

La faiblesse essentielle, elle est dans la peau, tu ne peux pas en sortir et n'en sortiras jamais, jusqu'à la mort. Loin d'être supprimée par l'esprit et son ordre, elle y acquiert au contraire une conscience plus douloureuse encore que dans l'ordre de la matière. Écartelé entre l'infiniment grand et l'infiniment petit, crucifié entre la puissance, la noblesse de sa raison et l'expérience de ses limites, affronté au vide en lui-même et à la béance inéluctable de la tombe, l'homme, « cœur creux et plein d'ordure », est alors tenté de fuir, de fuir en avant.

Deuxième mouvement
La fuite et l'issue

Chapitre III
Jouir

Une découverte de Pascal ne peut être négligée, que ce soit la première machine à calculer, les prémisses du calcul intégral ou bien son diagnostic quant au cancer rongeant l'âme humaine. Son scalpel s'enfonce dans la tumeur la plus répandue, la plus préjudiciable, la plus commune, celle qui atteint chacun de nous à un degré plus ou moins fort : notre difficulté à trouver le bonheur là où il réside, à l'intime de nous-mêmes.

> Divertissement. – Quand je m'y suis mis quelquefois à considérer les diverses agitations des hommes et les périls et les peines où ils s'exposent [...] j'ai découvert que tout le malheur des hommes vient d'une seule chose, qui est de ne savoir pas demeurer en repos, dans une chambre[1].

Ainsi, Pascal appelle « divertissement » la fuite dans l'agitation, hors de soi. En soi, en effet, il n'est pas de solution apparente qui vienne nous guérir du vide. Selon les individus, ce vide est plus ou moins amèrement ressenti. Tous, certes, nous le connaissons. Mais certains d'entre nous, et Pascal en fait partie, n'acceptent pas d'en rester à la superficie. Nous voulons aller plus loin, dans une perception plus profonde de nous-mêmes. Les jeunes vivent souvent cette exigence. Les raisons en sont multiples : ils ne sont pas encore accaparés par la lutte pour la vie, et par conséquent plus libres d'introversion. Ils sont plus libres parce que moins attachés aux choses, aux statuts sociaux, aux nécessités de l'existence. Face à eux-mêmes, ils sont plus soucieux de découvrir et d'affirmer leur identité : qui suis-je ? Enfin, ils ne sont pas encore obligés d'entrer dans la lutte pour survivre, la routine pesante du quotidien où, bien souvent, on n'a plus le temps ni le goût de penser. L'adolescent pense et cherche plus que l'adulte. C'est en cela, d'ailleurs, que je trouve les jeunes passionnants.

La plus grande de nos misères

Quel que soit le cas de figure, l'homme cherche un complément d'être devant l'expérience du vide, de ce vide pourtant irréductible.

Comment le combler ? La solution immédiate qui se présente est une recherche éperdue hors de soi.

> Misère. – La seule chose qui nous console de nos misères est le divertissement, et cependant, c'est la plus grande de nos misères [...]. Mais le divertissement nous amuse et nous fait arriver insensiblement à la mort[2].

Plus encore qu'au temps de Pascal, les sollicitations extérieures sont aujourd'hui légion. Au cœur de nos appartements : radio, télévision, ordinateur. Dans le garage : véhicules prêts à nous emporter. Dans la ville : rues brillamment éclairées jour et nuit, vitrines et affiches publicitaires alléchantes, offres dites gratuites de voyages ou d'équipements merveilleux que l'on passe sa vie à rembourser. Tout est appât dévorateur de nos forces physiques, financières, psychiques.

Du matin au soir et du soir au matin, nous cherchons au-dehors l'échappée salutaire au vide qui nous étreint. C'est une conspiration universelle contre le silence, le repos, l'intériorité. Or, c'est précisément dans le seul lieu de l'intériorité, dans la contemplation d'étoiles qui ne sont pas filantes que se construit la personnalité.

> Or à quoi pense le monde ? [...] à danser, à jouer du luth, à chanter, [...] à se battre, à se

faire roi, sans penser à ce que c'est qu'être roi, et qu'être homme[3].

Voici donc que, peu ou prou, nous entrons tous dans la danse. Oh ! bien sûr, c'est agréable : l'excitation de la libido superficielle flatte délicieusement les sens. Mais le plaisir dans tous ses domaines – plaisir des sens, plaisir du cœur, plaisir de l'esprit – est toujours évanescent. Sitôt éprouvé, il disparaît. Il appelle donc un renouvellement constant. Livrés à cette ronde de l'agitation permanente, de l'accumulation, de la répétition, quelque chose en nous n'est jamais assouvi et crie sans cesse : encore, encore, j'en veux encore !

J'ai déjà évoqué les trois registres de la libido : la pulsion de sentir, la pulsion de savoir, la pulsion de dominer. Chacun ouvre une perspective de fuite. Je voudrais préciser comment j'ai moi-même été séduite tout au long de mon existence.

Le look, tout d'abord, les frais du paraître et de la séduction, ont préoccupé mes vingt ans. On portait alors chapeau. Il m'a fallu de toute force obtenir de ma mère le dispendieux couvre-chef « Lindbergh ». Le célèbre aviateur venait de traverser l'Atlantique et les modistes avaient lancé pour les dames une sorte de casque en feutre. En vérité parfaitement ridicule, il me paraissait du dernier chic. Pour un instant, court du reste, il fut mon divertissement. Assez excentrique, il fut vite remplacé par une autre mode. Comme tout le monde, je cherchais dans le look une valorisation qui, à ce moment-là, ne me paraissait pas trompeuse. La maturation de notre rapport à l'image, au paraître, exige de nombreuses années. Arrive alors le temps où l'on sait concéder à la fonction sociale du look sans pour autant s'identifier à son apparence et lui donner une importance qu'elle n'a pas. Combien de fois, du reste, ai-je conseillé à des amies qui se négligeaient d'être plus élégantes !

Ah ! les aspirations de la jeunesse ! Me voici à Londres *to speak english* auprès de ma cousine religieuse. Les sœurs de Notre-Dame-de-Sion, responsables d'une école dans le quartier pauvre de Holloway, cherchaient à y sauver des enfants de la misère. Ce projet me passionna et je décidai d'entrer dans cette congrégation. Mais, de retour à Bruxelles, je fus à nouveau happée par le divertissement. Le théâtre, le cinéma, les dancings, les jolies toilettes, les séjours à Paris, m'attiraient irrésistiblement. Je voulais étouffer l'appel entendu. Au fond de moi, ma raison me disait que c'était là le sens de ma vie, mais le désir de me divertir criait plus fort :

> Guerre intestine de l'homme entre la raison et les passions. S'il n'avait que la raison sans passions… S'il n'avait que les passions sans raison… Mais, ayant l'un et l'autre, il ne peut

> être sans guerre, ne pouvant avoir la paix avec l'un qu'ayant guerre avec l'autre : ainsi il est toujours divisé, et contraire à lui-même [4].

Ceux qui sont passés par là le savent : ce n'est plus le mal-être de l'adolescence, mais un déchirement provoqué par la division intérieure. Dans l'incapacité de faire un choix, on se débat sans résultat. Pour ma part, éprouvant l'ébullition de la jeunesse, il me fallait sans cesse trouver au-dehors ce qui masquait le trouble du dedans. Je ne connaissais pas la paix et j'étais malheureuse. Je me laissais aller à mes pulsions adolescentes. Bien vite, elles ne me suffirent plus. Je voulais jouir d'un plus grand plaisir, encore inconnu. Un soir, je me promène, seule, dans une rue déserte. J'étais à la recherche d'un homme. Dieu a dû me protéger grâce, je le crois, au chapelet égrené, ce soir-là comme les autres, par ma mère à l'intention de ses enfants. Après m'avoir abordée, quelqu'un est reparti sans insister. Le dégoût de moi-même grandissait et mon incapacité à me contrôler m'affolait. Oui, je touchais le fond de la misère humaine, je perdais mon être profond, en voulant jouir, jouir ! En fin de compte, je cherchais « à tendre au repos par l'agitation [5] ».

Les sirènes du divertissement

Après le divertissement des sens, le look et le plaisir, vient en effet la fuite dans l'activisme. Quoi de plus contraire au « repos » pascalien que l'agitation ? Le tourbillon des projets et des entreprises crée l'illusion d'être. Chez les chiffonniers du Caire, je me lançais dans tant de choses à faire que je n'avais même plus le temps de prier. Le vieil Adli m'en fit la remarque. Je pris conscience que je cherchais à résoudre tous les problèmes. Je me souvint de l'avertissement de ma supérieure à Istanbul, mère Elvira : « Ne vous laissez pas prendre par l'activisme ! » Or, moi, je suis facilement prise par l'activisme. L'action en soi me passionne. Agir, c'est être. C'est sortir de ses limites et combler le néant, l'anesthésier, ne plus y être confronté. L'ampleur et l'intensité de l'action donnent un sentiment de puissance, l'impression d'avoir, comme les statues hindoues, plusieurs bras pour combattre. On croit pouvoir tout résoudre et répondre à tous les appels, on se sent créateur de vie, on remet des gens debout, on jugule la mort ! J'ai voulu transformer la planète comme un dieu qui réforme le monde. Mais c'était un leurre, car, bientôt, je ne me suis trouvée que devant le désenchantement. Tout à coup, on s'aperçoit que la somme des actions n'arrivera jamais à supprimer la misère du monde, qu'elle ne touche jamais qu'une infime partie de l'humanité. Ce désenchantement, s'il n'est pas amer, est nécessaire. Il met dans la vérité. Il est juste et bon d'agir, mais il est bon aussi de se rendre compte des limites de l'action et d'accepter de n'être qu'humain, fini. Le cercle infernal est alors brisé, le cercle du perfectionnisme, le cercle de la course aux résultats, à l'efficacité. Vient alors l'action équilibrée, sereine, qui a renoncé à l'idéalité. Pour exprimer ce point d'équilibre, j'ai transformé en prière une sentence de Marc Aurèle :

> Seigneur, donne-moi la sérénité d'accepter ce que je ne peux pas faire,
> La force de réaliser ce que je peux faire,
> La sagesse pour discerner entre les deux.

En réfléchissant plus avant, je vois une troisième forme de divertissement dans cet appétit incoercible de connaissances, cette fringale intellectuelle qui m'habita tant d'années. Sans m'en douter, j'essayais d'oublier : oublier mon malaise, mon impuissance à réconcilier la foi et la raison. À force de se hausser dans la connaissance, on cherche inconsciemment à oblitérer les vrais problèmes qui hantent nos existences. Car aux questions essentielles du bien et du mal, de la vie et de la mort, il n'est point de réponses intellectuelles définitives. Le vide que le divertissement intellectuel cherche à fuir, c'est cette impuissance ontologique, radicale, d'atteindre le pourquoi. Il est impossible à l'homme de comprendre pourquoi il est sur la Terre, pourquoi il souffre, pourquoi il vit pour disparaître un jour, inéluctablement. Alors, on cherche à s'enivrer : au fur et à mesure qu'on avance dans les édifices de la connaissance, celle de la science ou de la philosophie, on enfante un monde qui apaise l'angoisse et nous fait croire qu'on atteindra un jour la Vérité. On s'y noie, on s'y vautre, lorsqu'on plonge ainsi dans ce monde hors du monde. Trompeuse dans son essence, cette construction intellectuelle est consolatrice. On peut, toute sa vie, s'en contenter. On a peur d'ouvrir les yeux sur le réel, insondable et écrasant. Tels de perpétuels enfants, nous préférons ce monde que forge notre imagination.

> Voilà notre état véritable. C'est ce qui nous rend incapables de savoir certainement et d'ignorer absolument. Nous voguons sur un milieu vaste, toujours incertains et flottants, poussés d'un bout vers l'autre. Quelque terme où nous pensions nous attacher et nous affermir, il branle et nous quitte et si nous le suivons, il échappe à nos prises, nous glisse et fuit d'une fuite éternelle. [...]
>
> Ne cherchons donc point d'assurance et de fermeté. Notre raison est toujours déçue par l'inconstance des apparences ; rien ne peut fixer le fini entre les deux infinis, qui l'enferment et le fuient [6].

Enfin, divertissement ultime du néant, on pense « à se faire roi ». Quel remède plus efficace contre le néant que la possession, la domination, le pouvoir ? Chacun se forge son petit royaume pour y être le maître. Nous avons tous besoin de dominer, d'être maître de quelque chose. Depuis l'enseignant jusqu'à la cuisinière, du musicien au démagogue, en nous tous un tyran sommeille. J'ai déjà dit l'ivresse du professeur adulé, diverti – et comment ! – par le culte qui lui était rendu. Toutes choses bonnes peuvent devenir moyens de la prise de pouvoir : ce peut être aussi bien la science et la connaissance que, pour certaines femmes, la beauté. L'Histoire en est pleine d'exemples, depuis Cléopâtre qui séduisit César pour conserver son trône et réussit même, un temps, à se l'assujettir. Tous ces hommes si puissants sont parfois des fantoches dans la main d'une femme. Pour d'autres, c'est la bonté qui est pervertie et sert au pouvoir. Combien de mères de famille veulent sincèrement assurer le bonheur autour d'elles, mais usent aussi de cette capacité féminine à la générosité et au dévouement pour mener la barque familiale et la régenter.

Quant à moi, l'action humanitaire n'a-t-elle pas été le lieu où, pour une part, s'est exercée ma soif de pouvoir ? L'action humanitaire offre en effet un terrain privilégié, et extrêmement valorisant pour investir cet instinct primaire qui jamais ne pourra être arraché du cœur des hommes.

L'objectif du service des autres m'a permis de brasser des millions, de rencontrer les plus grands de ce monde, de parcourir la planète, bref, m'a procuré le sentiment grisant de l'ampleur et de la puissance de mon action. Heureusement, l'appartenance à une communauté m'a toujours tempérée. De retour auprès de mes sœurs, je redevenais une parmi d'autres. Souvent, je me rends au petit cimetière de Callian. Je visite les tombes de mes sœurs. J'y vois ma place préparée, et me voici aussitôt ramenée à l'égalité essentielle entre humains.

Autre chose encore m'a sauvée. Si je suis facilement tentée de vouloir faire marcher les autres au doigt et à l'œil, d'être mise en avant, d'arriver coûte que coûte à mes fins, je suis aussi possédée de l'instinct aigu de la justice. Devant toute forme de domination, quelque chose en moi se révolte. La vérité nivelle. Il n'y a pas de roi et de pauvres manants, ils sont égaux. Mais l'égalité n'est pas encore la justice. Par justice, je préfère le pauvre manant au roi, pour compenser le manque d'égards dont il souffre.

Au terme de cet itinéraire de relecture de mon existence, que dire, sinon reconnaître que le divertissement prend des formes toujours nouvelles et toujours plus insidieuses, jusqu'à se parer de la prétention au plus grand bien ? Sitôt que j'ai naïvement cru avoir triomphé de tel ou tel terrain de divertissement, il en revint un autre, et de manière autrement subtile ! Dans ces dernières années de ma vie, il m'arrive quelque chose de terrible : je suis devenue médiatique. Dans les sondages de popularité en France, je côtoie Johnny Hallyday ! Encore et toujours, les sirènes de l'image et de la griserie de l'extériorité viennent seriner à mon oreille leur chant tentateur. Mais, proche de la mort et forte de mes échecs passés, je sais bien que tout cela n'est que vanité. C'est vain et vide. Et toutes ces tentatives de fuites successives s'évanouiront à leur tour, comme s'évanouissent tous les plaisirs, une fois « consommés ». Ce n'est pas tout ce fatras que, comme on dit, j'emporterai dans la tombe. Quand j'arriverai devant le Seigneur, le Juste, il ne me demandera pas quelle place j'ai occupée dans les sondages !

La béance bénéfique

Tout le monde le sait : je suis incorrigiblement positive. Je retiens en particulier deux bienfaits du constat permanent de ma faiblesse, de mon agitation, de mon manque d'intériorité.

Le premier est de me savoir ainsi sœur de toute humanité. Cette tentative de combler le vide intérieur par la vanité de l'extérieur, elle est en nous tous. Nous n'en sortirons jamais complètement ici-bas. Mon tempérament de jouisseuse m'a portée, ô combien, à comprendre tous ceux qui, reconnaissant leur faiblesse, ne sont pas arrivés à la surmonter : avoir profondément senti sa propre misère amène à compatir à celle des autres. Je pense à tel homme qui brisa son foyer pour des aventures sexuelles accumulées, sachant pourtant que sa femme et ses enfants constituaient son trésor le plus cher. Il me disait : « Je sais que je suis fou. Je perds tout pour ces femmes, mais c'est comme une maladie dans mon sang, je ne peux pas m'en défaire. » Je pense à cet autre homme qui, lui aussi, fut brisé par le divorce que sa femme finit par demander. Il n'était jamais présent, ni pour elle ni pour leurs enfants : cadre supérieur, son travail et le souci de sa réussite professionnelle l'engloutissaient complètement.

Finalement, et malgré mon âge, je comprends tout à fait mes contemporains. Dans *L'Homme sans gravité*, le psychanalyste Charles Melman décrit en effet la naissance d'une nouvelle économie psychique à laquelle nous assistons. L'ancien moteur, le désir, a selon lui laissé place à la jouissance : « Il n'est plus possible d'ouvrir un magazine, d'admirer des personnages ou des héros de notre société sans qu'ils soient marqués par l'état spécifique d'une exhibition de la jouissance [...]. Il faut exhiber ses tripes, l'intérieur de ses tripes et même l'intérieur de l'intérieur *. » Nous touchons là des extrêmes qui seraient une des causes directes de l'insatisfaction foncière qui frappe notre génération. Chercher à jouir sans limite, c'est souffrir du même coup des limites de la jouissance. Plus elle a régalé les sens et l'imagination, plus elle laisse le goût amer de tout ce qui excite pour s'évanouir trop tôt. Elle charrie derrière elle une béance, un vide qu'elle n'arrivera jamais à combler.

En second lieu, j'ose affirmer que l'expérience même de cette béance est un bienfait. Toutes les prises de conscience de la vanité de mes entreprises m'ont décapée, par couches successives. Ne sont-ce pas les épreuves qui jalonnent l'existence qui permettent à l'homme d'accéder à la nudité ? Vient un jour – plus ou moins tôt, plus ou moins tard – où l'on se retrouve nu et cru.

Contrairement à la piété ignorante qui fait des saints des héros invincibles, ces hommes et ces femmes ont tous connu un moment d'écroulement fondateur. Prenons l'exemple d'Ignace de Loyola. Jeune hidalgo, cadet de famille épris de chevalerie, le voici au service d'un grand seigneur lors du siège de Pampelune. Un coup de catapulte l'atteint à la jambe. Grièvement blessé, il

* Charles MELMAN, *L'Homme sans gravité*, Denoël, 2002. Cité dans *La Croix* du 5 décembre 2002.

devient infirme à vie. Finie la carrière militaire, finis les rêves d'exploits et d'honneurs ! Réduit à l'impuissance dans sa chair et dans son âme, tout lui paraît perdu. Les longs mois immobiles de sa convalescence l'obligent à lire et à méditer, jusqu'au jour où un passage d'Évangile semble s'adresser à lui. Il deviendra désormais *miles christi,* soldat du Christ, entraînant à sa suite et à travers les siècles une armée de compagnons, les jésuites.

Parmi mes relations, de multiples illustrations du même phénomène se présentent à mon esprit. Cécile, en particulier, était professeur d'histoire. Son espoir le plus cher était de fonder une famille. Tout lui souriait. Soucieuse de séduire pour trouver un jour l'élu de son cœur, elle voyait l'avenir en rose. Un mal bénin l'amène un jour à consulter. Elle reçoit alors le choc de sa vie : le médecin lui annonce sa stérilité irrémédiable. Jamais elle ne pourra être mère. Tout s'écroule. Sa vie n'a plus de sens, elle sombre dans le désespoir. Elle n'a plus goût à rien, c'est le vide complet. Par hasard, elle tombe sur un article relatant le drame des enfants laissés pour compte dans les orphelinats d'un pays d'Asie. Les enfants en bonne santé sont facilement adoptés. Les enfants handicapés, eux, restent sur le carreau. Deuxième choc de sa vie. Elle se sent irrésistiblement appelée, elle écrit au journaliste, se renseigne et, bientôt, la voilà mère adoptive d'un, puis de deux, puis de cinq, puis de dix enfants abandonnés originaires de France et des quatre coins du monde. Elle crée une association qui lui permet, pendant des années, de sauver des centaines de vies. Je lui ai rendu visite. Dans une belle maison construite en plein bois, elle était entourée de la vingtaine d'enfants hébergés à ce moment-là. J'ai été frappée de l'intelligence, de la joie que dégageait cette famille. Je lui lance : « Cécile, comme tu es heureuse ! » Elle éclate de rire : « Vous êtes la première personne qui m'ait comprise. Les autres ont pitié de moi. Il leur semble que je porte un fardeau, alors que ces enfants abîmés par la vie sont mon bonheur. » Nous avons bien ri, toutes les deux.

Dans l'un et l'autre cas, la projection imaginaire de soi-même et de sa réussite s'est déchirée. Il faut souhaiter à chaque humain ce décapage, si douloureux qu'il soit. Vidé de ses chimères, grelottant, tout ramage et plumage arrachés, son cœur dépouillé devient un gouffre. Place est faite, alors, pour la vérité.

Disons autrement tout ceci. Le jour vient où, entre le plaisir et le bonheur, il faut choisir.

Chapitre IV
Libération

Au milieu des aléas de ma licence, en 1961, j'ai eu la chance d'avoir Pascal au programme de la Sorbonne. J'étais alors plongée dans les affres du doute, dans l'amertume de mes incompétences. Face au mur auquel je me heurtais sans cesse, je voulais creuser pour atteindre la vérité, comme on creuse dans le désert à la recherche d'une source précieuse. En quête d'une orientation profonde, je ne me contentai plus, cette fois, de quelques-unes des *Pensées* glanées ici ou là, mais me livrai à une étude approfondie. C'est à cette occasion décisive que Pascal devint le phare qui devait illuminer mon esprit et combler mon cœur.

Un Dieu pas comme les autres

Première découverte : le Dieu de Pascal n'est pas le dieu cosmique dont le symbole de la puissance est le grondement du tonnerre. Il n'est pas le dieu que l'homme découvre par le jeu de son intelligence.

> On se fait une idole de la vérité même [1].

Dieu n'est pas le produit des fabrications humaines. Il ne se dévoile pas au terme des investigations de l'homme, comme un astre étincelant au bout d'un télescope ou une découverte scientifique au bout d'un processus expérimental.

> Les preuves de Dieu métaphysiques sont si éloignées du raisonnement des hommes [...] qu'elles frappent peu [2].
>
> Et c'est pourquoi je n'entreprendrai pas ici de prouver par des raisons naturelles, ou l'existence de Dieu, ou la Trinité, ou l'immortalité de l'âme, ni aucune des choses de cette nature [3].

Je fus comme abasourdie. Depuis si longtemps je me débattais pour trouver des preuves irréfutables de l'existence de Dieu, et voilà que Pascal se moquait de l'ambition illusoire de la rationalité en ce domaine ! Dieu est en effet irréductible à la raison raisonnante. Pascal ne cesse de le répéter : Dieu est un Dieu caché.

> *Vere tu es Deus absconditus* (« Vraiment, tu es un Dieu caché ! »)[4].

N'est-ce pas, d'abord, l'expérience que nous faisons quotidiennement ? Dieu est absent de ce monde qui tourne mal, de ce monde violent et injuste. Et pourtant, il y a bien une présence de Dieu dans le monde, mais ce n'est pas sous le mode de l'intervention. Cette présence est au cœur de l'homme, de sa conscience et de sa volonté, de son inconscient et de son âme, pour le porter vers le bien, qu'il le sache ou non. Dieu a confié le monde à la responsabilité de l'homme, créé à son image et à sa ressemblance. Aussi, Dieu n'agit dans le monde que dans et par l'homme. Pour autant, nous ne sommes pas des robots. Nous sommes libres, ou plutôt nous possédons des germes de liberté. Que Dieu soit un Dieu caché est la condition même de notre liberté : si un dieu s'imposait à nous, qu'en serait-il de notre libre arbitre ? Il n'y aurait même plus besoin de croire, puisque ce dieu serait évident. La foi est un acte libre.

Pascal se moque ainsi de ceux qui présentent « Dieu à découvert », alors que

> l'Écriture qui connaît mieux les choses qui sont de Dieu [...] dit au contraire que Dieu est un Dieu caché[5].

Quelle est donc l'expérience fondamentale que traversent les personnages de l'Écriture sainte ? C'est le renoncement aux faux dieux, aux dieux fabriqués de mains humaines. L'idolâtrie, l'adoration de faux dieux se retrouve partout et en tout temps sur la planète. L'homme se forge ses dieux, ses idoles. Il statufie le Pouvoir et la Puissance pour les adorer : la puissance des éléments naturels, la puissance des forces cosmiques, la puissance de la fécondité, la puissance du pouvoir et de l'argent, tout ce qui n'est que trop visible et qui régit le monde. C'est notre tentation perpétuelle. Comme nous, Abraham, Moïse et Jésus dans son itinéraire d'homme eurent à s'en détourner. À Abraham, Dieu fait quitter son pays et la maison de son père, avec les idoles qui leur étaient attachées (Genèse 12, 1-3). À Moïse, Dieu fait ce commandement : « Tu n'auras pas d'autre dieu que moi. Tu ne te feras aucune image sculptée, rien qui ressemble à ce qui est dans les cieux, là-haut, ou sur la terre, ici-bas, ou dans les eaux, au-dessous de la terre. Tu ne te prosterneras pas devant ces images ni ne les serviras » (Exode 20, 3-4). À Jésus, le Tentateur propose tous les royaumes de la terre à la condition qu'il se prosterne devant lui : « Le Diable lui fit voir en un instant tous les royaumes de l'Univers et lui dit : "Je te donnerai toute cette puissance et la gloire de ces royaumes, car elle m'a été remise et je la donne à qui je veux. Si donc tu te prosternes devant moi, elle t'appartiendra tout entière." Mais Jésus lui répliqua : "Tu adoreras le Seigneur ton Dieu et c'est à lui seul que tu rendras un culte" » (Luc 4, 6-8). La Bible est une entreprise qui s'attaque à tous les veaux d'or.

> Les idoles des païens, or et argent,
> Une œuvre de main d'homme ;
> Elles ont une bouche et ne parlent pas,
> Elles ont des yeux et ne voient pas.
> Elles ont des oreilles et n'entendent pas,
> Pas le moindre souffle en leur bouche.
> Comme elles seront ceux qui les firent,
> Quiconque met en elles sa foi. (Psaume 135.)

Un Dieu sensible au cœur

Se détourner de toutes les idoles et croire au Dieu Un, c'est donc renoncer à l'expérience sensible d'une divinité, souscrire à un Dieu caché. Alors peut se goûter le fruit de ce renoncement : une révélation d'un tout autre ordre.

> C'est le cœur qui sent Dieu et non la raison. Voilà ce que c'est que la foi : Dieu sensible au cœur, non à la raison [6].

Je me suis longuement arrêtée sur le mot « cœur », dont l'interprétation est discutée. Cette controverse est très intéressante, mais elle est hors de mon propos. Je me rallie à la position d'un spécialiste de Pascal, Jean Ménard. Dans *Le Climat des « Pensées »*, il situe le cœur pascalien. Il n'est ni dans la raison pure, ni dans l'affectivité. Le cœur est le centre de l'être humain, l'union de la chair et de la raison, de la sensibilité et de la volonté. C'est le moteur de l'agir, tout ce qui fait la personne humaine au plus intime, un être unique tissé d'un entrelacs complexe.

Dans la notion pascalienne du cœur, on peut tout autant investir celle d'intuition, au sens de Bergson, que, surtout, la métaphore biblique. Sans cesse, dans les Écritures saintes dont Pascal était féru, le « cœur » désigne le lieu où Dieu parle à l'homme et où l'homme parle à Dieu, le lieu de la pensée et du cri d'exultation comme de détresse. C'est mon cœur qui, avec la prière des psaumes, s'adresse à Dieu « de Toi mon cœur a dit : "Cherche Sa face". C'est Ta face Seigneur que je cherche » (Psaume 27, 8). C'est mon cœur qui prend une décision importante et mûrement réfléchie. Finalement, le terme « tripes » pourrait évoquer le même sens, si l'on ne s'arrête pas à sa connotation vulgaire.

Nous touchons ici au mot clé de la rhétorique de Pascal. C'est au cœur, au point le plus abyssal de la personne, qu'il s'attache. Il y voit comme la trace indélébile de l'empreinte de Dieu. Une pensée qui m'était familière prenait désormais un nouveau relief :

> Le cœur a ses raisons, que la raison ne connaît point[7].

De fait, ce n'est pas la froide raison qui, bien souvent, nous inspire, mais une vibration intérieure qui, à la fois, précède et excède l'esprit. Je creusais cette notion capitale du déroulement de l'entendement dans la perception. Nos idées s'inscrivent dans un déroulement qui part plus des tripes que de la dialectique pour aboutir à des actes ou des convictions qui dépassent l'entendement. De là viennent en effet les actes les plus barbares comme les actes les plus nobles, qui tous prétendent à la vérité. Ici se tiennent également tous les actes : nous agissons du matin au soir et du soir au matin, avec la naïve certitude de n'être guidés que par la raison alors qu'un mouvement plus profond cristallise tout notre vécu. C'est pourquoi il est nécessaire d'écouter celui qui nous contredit : ses raisons ont des raisons qui s'inscrivent dans son passé, sa culture, son rapport au monde, et qui, dès lors, m'éclairent sur mon propre jugement. À défaut, nous tombons dans un cercle. Ce cercle, nous le créons nous-mêmes lorsque nous faisons barrage à tout ce qui contrarie notre propre conviction, pensée, expérience. Nous passons alors notre existence enfermés dans le cercle réflexif : dans une relation de soi à soi-même, notre raison réfléchissant notre seule expérience, et réciproquement, comme Narcisse et son reflet. Ceux qui savent assimiler la part de vérité de l'autre, surtout si elle est *contraire* à la leur, sortent du cercle infernal de l'ego.

Pour en revenir au problème qui me taraudait, j'entrevoyais enfin une issue. Ce frémissement qui vivifiait mes rencontres dans le concret quotidien, cette adhésion des tripes à l'existence de Dieu qui, malgré tout, m'avait toujours habitée, exigeaient-ils une démonstration rationnelle ? Je cherchais fiévreusement une réponse. Elle venait enfin, et m'éblouissait. Je ne comprenais pas seulement ce que Pascal voulait dire, je me livrais désormais à cet élan intérieur vers « Dieu sensible au cœur, non à la raison[8] ».

Ce fut une libération, l'irradiation d'un phare illuminant ma nuit. Il suffisait de laisser jaillir ma soif d'absolu, il suffisait d'aller vers Dieu comme j'allais vers l'homme dans une simple confiance, sans recherche de preuves rationnelles.

Comment illustrer cette expérience ? Moi qui n'ai jamais éprouvé sensiblement la présence de Dieu, mon cœur la vécut une nuit d'hiver, au bidonville du Caire. Enfermée dans ma cabane, j'essayais de prier. Tout à coup, une mélopée vint frapper mes oreilles. Une voix chantait, s'interrompait, reprenait. Par pure curiosité, j'ouvris la porte et vis ma voisine Fauzeya assise auprès d'un feu, au seuil de sa cabane. Son visage de femme battue resplendissait. Khayri, son mari, savait un peu lire. À la lueur de la flamme, il égrenait un à un des versets d'Évangile, que sa femme chantait. Elle avait les yeux fixés sur son fils Guirguis, qui, à plat ventre, faisait ses devoirs. Elle et moi avions obtenu du père qu'il puisse aller à l'école. Quelle lueur et quelle joie dans ce regard, quel triomphe ! Elle était sûre que le Christ dont elle chantait le message d'amour l'aidait à sauver son enfant. Elle qui n'avait jamais étudié, ni la philosophie, ni la théologie, ni les religions, comme je l'avais fait, elle se savait aimée, elle avait confiance, elle était sûre. Rentrée dans ma cabane, je fis cette prière : « Seigneur, donne-moi un cœur comme celui de Fauzeya ! »

Le pari raisonnable de la foi

Oui, mais comme le cerveau résiste à se taire ! Ma raison, lancinante, continuait à s'écrier : comment accepter de croire ? Je n'avais pas eu, moi, ma nuit du 23 novembre, cette nuit de feu où Dieu avait coulé dans le cœur de Pascal et dont il fit, on l'a vu, un perpétuel Mémorial. C'est terrible de douter même de soi, de ce qui nous est le plus cher et le plus profond ! Je comprenais bien, désormais, en quoi Dieu ne pouvait pas être atteint par la raison. Mais de là à entrer dans le mouvement de la foi… J'ai lu et relu les pages des *Pensées* intitulées « INFINI. RIEN ». Je me suis particulièrement arrêtée à ces lignes :

> S'il y a un Dieu, il est infiniment incompréhensible, puisque, n'ayant ni parties ni bornes, il n'a nul rapport à nous. Nous sommes donc incapables de connaître ni ce qu'il est, ni s'il est […]. « Dieu est, ou il n'est pas. » Mais de quel côté pencherons-nous ? La raison n'y peut rien déterminer : il y a un chaos infini qui nous sépare.
>
> Il faut parier […]. Vous êtes embarqué [9].

Contrairement à l'image d'Épinal qui est donnée du fameux « pari » de Pascal, il ne consiste pas vraiment dans la considération des gains et des pertes, encore moins dans une délibération hypocrite, du genre : « Si Dieu existe, j'ai tout gagné en pariant ; s'il n'existe pas, je n'ai rien perdu. » *Le pari est interne à la foi.* Il est ce passage, cette conversion entre la foi raisonnée qui comprend qu'elle ne peut pas comprendre Dieu et la foi raisonnée qui comprend qu'elle ne peut même pas déterminer s'il est ou n'est pas. La raison est impuissante à saisir et démontrer cette certitude autrement profonde qu'apporte l'expérience de foi.

> Dieu d'Abraham, Dieu d'Isaac, Dieu de Jacob, non des philosophes et des savants. Certitude. Certitude[10].

Pourtant, la raison peut fort bien – et c'est ce qu'illustre Pascal – décrire son impuissance et l'expliquer. La raison expose alors sa perte de maîtrise. La raison sait que l'expérience véritablement humaine dépasse ses moyens et son ordre. Autrement dit, croire n'implique en aucune manière de « perdre la raison » ou de s'opposer à elle. C'est bien un acte de raison que de rendre compte de son impuissance. Aussi,

> il n'y a rien de si conforme à la raison que ce désaveu de la raison[11].

La foi est au-dessus de la raison, et non pas contre[12]. Le pari est un pari raisonnable, mais qui n'est pas le fruit de la raison.

Un Dieu d'amour

Le titre de ces longs développements, « INFINI. RIEN », m'attirait tout autant que leur contenu. Ces mots résonnaient étrangement en moi, comme s'ils détenaient mystérieusement la clef de l'énigme qui me taraudait. Depuis ma petite enfance, comme j'avais éprouvé l'âpre vérité de ce petit mot : rien ! Pour une enfant, c'est quelque chose que son père. Rien, rien ne dure. Disparus à jamais, les yeux, les visages de ceux que l'on aime. Voltaire, je crois, l'a bien exprimé :

> On entre, on crie et c'est la vie
> On crie, on sort et c'est la mort
> Un jour de joie, un jour de deuil
> Tout est fini en un clin d'œil.

Seul l'infini peut remplir le cœur. Seul l'infini peut répondre à ce rien. Eh bien, c'est décidé, je parie pour le Dieu d'Israël, le Dieu de Jésus-Christ, le Dieu Un qu'il s'agit d'aimer. « Écoute, Israël, le Seigneur est notre Dieu, le Seigneur est Un. Tu aimeras le Seigneur ton Dieu » (Deutéronome 6, 4). Je parie pour ce

> Dieu d'amour et de consolation [...] qui remplit l'âme et le cœur [13].

Enfin ramenée à l'enfance, à mon expérience fondatrice de la mort et de la fragilité ; enfin réduite à l'enfance, à l'absence de biens et de force ; enfin réduite à l'enfance, à la reddition de la raison impuissante, je pus ouvrir largement mon cœur, mon cœur assoiffé, pour y laisser entrer l'infini. Et cet infini n'a aucun rapport avec les immenses perspectives de l'esprit. Cet infini est de l'ordre de l'amour. Dieu n'est pas seulement un Dieu caché, il est aussi et d'abord un Dieu d'amour. Quelle consolation ! Avec le pari de Pascal, je fus ramenée à moi-même, à mon identité. Je fus rajeunie. Je retrouvais mon cœur d'enfant, simple comme une source.

> La sagesse nous envoie à l'enfance. *Nisi efficiamini sicut parvuli*[14].

« Si vous ne devenez pas comme de petits enfants, disait Jésus, vous n'entrerez pas dans le Royaume » (Matthieu 18, 3).

C'est dans cet état d'esprit que, à soixante-deux ans, je partis au bidonville un beau jour d'automne pour épouser la condition d'hommes, de femmes et d'enfants spoliés, dépouillés de tout apanage de la matière ou de l'esprit. Partager leur vie, c'était partager leur pauvreté. Ce jour-là, j'ai distribué mes livres et j'ai brûlé mes cahiers de notes. Ces livres m'avaient été si chers et ces cahiers m'avaient paru si précieux : j'y avais consacré tant de travail et j'avais accumulé tant de savoir ! Tous ces biens, désormais, ne m'étaient plus d'aucune utilité. Je regardais la flamme dansante, non pas la flamme d'un holocauste mais celle de la liberté. Yalla, Emmanuelle, va ! Va les mains nues vers un peuple nu.

J'allais vivre enfin l'esprit d'enfance, avec ce regard simple et transparent qui ne se retourne pas vers soi. La métaphore de l'enfance signifie un état, et non un âge, qui ne connaît pas la libido, qui n'est pas inconsciemment avide de s'emparer de la jouissance, de s'emparer de l'autre, mais qui s'offre ingénument, avec confiance. Cet état ne dépend pas des années brèves ou longues, il se manifeste chez celui ou celle qui fait l'expérience de la faiblesse, de l'impuissance radicales et inhérentes à la nature humaine. Vanité, néant que les possessions de la matière ! Elles m'avaient éblouie. Vanité même que les acquisitions de la raison raisonnante ! Elles avaient été ma fierté.

J'allais vivre enfin l'esprit d'enfance pour sortir du doute et du divertissement, pour combler le vide qu'ils avaient créé en moi. Je reprends doucement, sereinement, les étapes passées de mon itinéraire. Je constate que l'étau du vide s'est desserré chaque fois que ma vie a pris le sens du service et du partage. À mon entrée au noviciat, j'ai voulu l'absolu. Au moment où j'ai troqué ma robe élégante pour la longue tunique noire, le petit bonnet et le voile noirs rattachés par un ruban (le comble du ridicule pour une fille coquette), j'ai été envahie par un incroyable sentiment de libération. Le plus extraordinaire de cette histoire, c'est que si les pulsions de la chair n'ont pas disparu, elles ont alors perdu leur emprise. Elles ne me dominaient plus et ne m'ont plus jamais dominée. Comment est-il possible que, restant toujours la même créature avide de tous les plaisirs, aucun d'eux n'a plus triomphé ? Par contre-exemple, mes années d'enseignement furent chargées de ce contentement intellectuel qui est exactement l'opposé de l'esprit d'enfance. Inconsciemment, je me repliais sur moi-même et n'en retirais qu'amertume. Mais mon expérience fondamentale de libération fut celle de mon départ pour le bidonville. À présent, je regarde craquer et disparaître dans le feu cette écriture hautaine, avide de tout garder et posséder. Elle disait bien, cette écriture qui couvrait des pages et des pages de mes cahiers, mon complexe de supériorité. Allait-il se désagréger à jamais dans la fournaise ? Elles sont drôlement résistantes, les idoles ! Les déesses Raison, Connaissance, Apparence, Puissance, Matière renaissent de leurs cendres dans un culte bien vite réincarné.

Veille sur toi, Emmanuelle, veille sur ton cœur. Affermis-toi dans le dépouillement du bidonville, loin des complaisances illusoires de ton ego. Ne l'oublie pas, la mémoire s'en perd si facilement ! Rien de plus fragile que le souvenir. Tous ces moments de libération sont comme un parfum. Précieux mais délicat, il s'évapore sitôt ressenti. Bienheureux ceux qui, sans relâche, *deviennent* enfants ! Ils se libèrent et se livrent à l'infini de l'amour.

Troisième mouvement
Le cœur et l'unité

Chapitre V
Le mouvement d'amour

C'est ici que culmine la pensée de Pascal et, pour moi, toute aventure humaine : dans le troisième ordre, l'ordre infini de l'amour. En effet,

> tous les corps ensemble, et tous les esprits ensemble, et toutes leurs productions, ne valent pas le moindre mouvement de charité. Cela est d'un ordre infiniment plus élevé [1].

Arrêtons-nous un instant à la force du style. Le mot « tous », trois fois – renforcé par le collectif « ensemble », deux fois – déploie devant nous la complétude des choses de la matière et de celles de l'esprit, le champ immense de leurs productions. Voici pour un côté de la balance. Dans l'autre : « le moindre mouvement de charité ». Eh bien – le croiriez-vous ? –, c'est ce côté qui pèse le plus ! Le génie de Pascal, qui se manifeste dans le jeu des contraires dépassés, trouve certes ici une saisissante expression. Mais la beauté de la langue, sa vigueur, ne doit pas nous aveugler : qu'est-ce que l'amour et son ordre, pour être infiniment au-dessus de tout ?

Ce que l'amour n'est pas

Il me faut d'abord tenter de dire, je crois, ce que l'amour n'est pas. L'amour dont il est question, la charité, ne relève pas du registre érotico-affectif. « Je t'aime, *I love you* »... c'est une rengaine murmurée, susurrée, chantée sur tous les tons et dans toutes les langues, avec plus ou moins de conviction et de sincérité ! Bien sûr, ce sentiment amplifie les palpitations cardiaques et nous fait vibrer. Mais il se cantonne le plus souvent au premier ordre, celui de la matière, dans la pulsion de sentir, de jouir, voire de dominer. Comme il est puissant, pourtant, ce sentiment, notamment dans l'attrait universel de l'homme vers la femme, et vice versa. J'en sais quelque chose. Un jour – j'étais jeune religieuse, j'avais une trentaine d'années –, la passion pour un certain professeur me saisit corps et âme. Elle grandit en moi sans que je m'en aperçoive, jusqu'au jour où elle éclata. Que de confidences n'ai-je pas reçues, depuis, sur ce sujet brûlant : « Mes pieds me portent vers lui sans que je le veuille », me disait tantôt une charmante jeune femme !

> Qui voudra connaître à plein la vanité de l'homme n'a qu'à considérer les causes et les effets de l'amour. La cause en est *un je ne sais quoi* (Corneille), et les effets en sont incroyables. Ce *je ne sais quoi*, si peu de chose qu'on ne peut le reconnaître, remue toute la terre, les princes, les armées, le monde entier. Le nez de Cléopâtre : s'il eût été plus court, toute la face de la terre aurait changé[2].

Quant à mon professeur, son nez n'avait rien de particulier. Disons qu'il était bel homme, et surtout supérieurement intelligent. Il n'a jamais rien su de mes émotions, rien ne s'est jamais passé entre nous, mais la marque de cette flamme d'un moment fut si vivement imprimée en moi que lorsque je reçus une certaine lettre à l'occasion de mes noces d'or de religieuse – j'avais soixante-dix ans, quand même ! – je reconnus immédiatement sa belle écriture et… mon petit cœur fit toc toc. Cette lettre, je l'ai lue et jetée.

Ce n'est pas en raison de sa force que ce genre d'attachement ne relève pas de la charité. C'est parce que toutes nos amours, même celles qui semblent les plus gratuites, sont entachées d'une sorte de possessivité. L'affection et le désir pour quelqu'un portent en eux une volonté de possession : « Je te détruis, ça m'est égal. Je te veux, je te mange. » Ne dit-on pas, en parlant d'une relation sexuelle, qu'untel a possédé une telle ? Quelles sont les relations amoureuses qui n'ont pas connu, ne serait-ce qu'un peu, la jalousie ? Quelles sont les relations affectives qui, ne serait-ce qu'un moment, ne nous portent pas à vouloir pour l'autre, et à sa place ? Cela vaut aussi pour l'affection entre parents et enfants. Certains parents prétendent vouloir le bien de leur enfant et en deviennent tyranniques. Ils s'immiscent dans la vie de couple et de parent de leur enfant devenu pourtant adulte, ils tentent d'écarter le gendre ou la belle fille pour conserver une relation exclusive avec « la chair de leur chair ». Comme si l'amour était une question de reproduction, une question de généalogie, une question charnelle !

Mais c'est la vie de couple, surtout, qui n'est pas satisfaisante. Parfois, ça colle très bien, mais souvent, ça ne marche pas. En effet, les manières d'aimer de l'homme et de la femme sont différentes. Or chacun attend d'être aimé *à sa manière*, chacun souhaite que l'autre réponde à ses propres attentes. On ne sort pas du cercle de l'ego. Beaucoup d'amours ne sont ainsi que des mouvements de soi à soi.

Pour autant, la charité est-elle le mouvement inverse ? serait-elle à chercher dans une sorte d'oubli de soi, de négation de ses propres attentes, de ses désirs ? On me parle de sacrifice, ça me fait rigoler ! Quand on aime, il n'y a pas de sacrifice, mais une dilatation. Le sacrifice, c'est encore de l'égoïsme pur. Celui ou celle qui prétend se sacrifier ne fait que construire l'idole de soi-même, sa statue héroïque de sainte-Nitouche que les autres doivent élever sur l'autel dressé à sa propre gloire.

De toute manière, peut-on complètement séparer l'amour de l'affection et du plaisir ? Sûrement pas ! Peut-on les confondre ? Non plus ! Avec Pascal, il nous faut, encore et toujours, distinguer sans exclure. Avec lui, réaffirmons qu'il ne faut ni mépriser ni survaloriser les ordres de la matière et de l'esprit, de la chair et de la pensée. Avec lui, que chacun

> apprenne à estimer la terre, les royaumes, les villes et soi-même à son juste prix[3].

Avec lui, souvenons-nous que

> Pensée fait la grandeur de l'homme[4].

C'est seulement si toutes les choses de la matière et de l'esprit, avec toutes leurs productions, ne sont pas utilisées à bon escient ou sont survalorisées qu'elles deviennent dangereuses. Il s'agit ici de leur appliquer cet ancien adage : « *Echo, ouk echomai.* » Je possède, mais ne suis pas possédé par elles.

L'amour est un mouvement

Aussi, l'amour véritable est aux antipodes d'un repli, d'une peur du charnel, de l'affectif, de l'intellectuel, qui seraient considérés comme des appâts trompeurs. C'est précisément en appréciant à son juste prix la richesse de la matière et de l'esprit que l'on s'apprête à mieux comprendre quel bond fantastique les sépare du « moindre mouvement d'amour ».

> Les fleuves de Babylone coulent, et tombent et entraînent. Ô sainte Sion, où tout est stable et où rien ne tombe. Il faut s'asseoir sur les fleuves, non sous ou dedans, mais dessus [...] en sûreté, étant dessus[5].

Le troisième ordre n'est pas opposé aux deux autres, il les dépasse et les assume. Il est au-dessus, et non pas contre. Le mouvement de l'amour ne nous entraîne pas dans les tourbillons du monde, ne nous assujettit pas à ses impératifs. Il ne descend jamais, il monte et nous emporte vers des sphères « infiniment plus élevées ».

Tous, ne connaissons-nous pas des instants de notre existence où, avec un soupir de bonheur, nous disons : « Je n'y comprends rien ! » Cela peut être un événement du quotidien dont les causes et les conséquences dépassent notre entendement. Cela peut aussi être un moment exceptionnel où le ciel paraît se déchirer. Dans tous les cas, nous nous trouvons alors saisis par un monde inconnu, mystérieux, au-dessus et allégé des contingences habituelles. Je pense à Monod, le célèbre prix Nobel. Il avait déployé son génie au cours d'une conférence radiodiffusée. Le présentateur s'adresse ensuite à Mère Teresa : que pense-t-elle de cette éblouissante démonstration scientifique d'où, naturellement, Dieu est absent ? Elle répond alors simplement : « Je crois en l'amour et en la compassion. » Monod avoua plus tard qu'il en avait été bouleversé. Au plus intime de lui-même, il lui parut soudain que, quelle que fût la prééminence de la science, elle se situait à des années-lumière de l'amour et de la compassion. Pour nous aussi, et ce n'est pas une question de croyance religieuse, chacune de nos expériences véritables de l'amour ne vient-elle pas relativiser tout le reste ?

À bien des reprises, la charité m'a saisie de son mouvement. Je l'ai surtout reconnue à deux occasions. Je me revois d'abord à Istanbul. J'étais jeune, mais anéantie par une fièvre typhoïde telle que je me laissais glisser vers la mort. Deux femmes se relayèrent alors à mon chevet, ma mère biologique, accourue de Bruxelles, et ma mère spirituelle, la supérieure en charge de la communauté. Elles me baignèrent de leur tendresse et m'insufflèrent la force de lutter. Trois fois, mes sœurs de Sion me firent don de leur sang. J'ai été rendue à la vie par l'amour.

Bien plus tard, je me trouvais un soir en visite au « mouroir » de Khartoum que Mère Teresa avait fondé. Brusquement, je suis agrippée par un mourant. Dans un dernier sursaut, le visage défiguré par le rictus du dernier instant, il s'empare de mon bras. Il attend un dernier geste d'amour mais moi, et je l'avoue à ma confusion, je reste figée sur place, glacée par la peur. Un rideau s'ouvre alors au fond de la salle. Le sarrau bleu d'une Sœur apparaît. D'une main, elle tient une bouteille d'eau et, de l'autre, un verre. Elle se penche sur une femme qui semble inconsciente. Le corps de cette pauvresse a été étendu là, après avoir été retiré d'une poubelle, rongé déjà par les vers. Avec un sourire d'infinie tendresse, la religieuse lui humecte les lèvres. Cet humble mouvement d'amour fait tressaillir la malheureuse. Son visage de douleur en est illuminé. Je me sentis alors « infiniment élevée » au-dessus de la mort et au-dessus de ma peur. Je me suis tournée, à mon tour, vers l'homme qui agonisait et lui offris un sourire chaleureux. À son tour, il tressaillit, desserra son étreinte et, sur sa face de mourant, un sourire apparut aussi. Ce fut un moment d'éternité.

À l'inverse, combien de fois ne me suis-je pas fait illusion ! Combien de fois n'ai-je pas baptisé du très beau et très doux mot d'amour ce qui n'était que divertissement, recherche imaginaire de moi-même, égocentrisme déguisé. C'est vrai, j'ai consacré ma vie à Dieu et à l'enfance malheureuse. Mais tant de mes élans spirituels n'étaient qu'épanchements émotifs, tant de mes actes de piété n'étaient qu'autocontentement ! Tant de mes entreprises n'étaient qu'accomplissements de ma soif d'agir, de mon tempérament passionné. Tant de mes actes de charité n'étaient que préoccupation de ma propre croissance, souci de mon apparence. J'ai tant cherché, par les œuvres de mon esprit et de mes mains, à devenir... un modèle. Ah oui, comme l'ego se glisse subtilement, comme le ver dans le fruit, au cœur de nos plus hautes aspirations !

J'ai eu un éclair sur moi-même le jour où j'ai rencontré l'abbé Pierre pour la première fois. Il était encore à Charenton. Je le revois, dans son bureau minuscule encombré de papiers. Juste la place pour deux chaises. Je débarquais, ravie des premières améliorations au bidonville. Grâce à sœur Sara et à une bonne équipe égyptienne, nous étions arrivés à juguler le tétanos, à construire la première école et le dispensaire, à emmener les petits chiffonniers au bord du canal de Suez. L'abbé Pierre écoutait en silence mon histoire triomphale. Puis il me regarda et me dit simplement : « Et les autres ? » Sur-le-champ, je me rendis compte que, tout à l'euphorie de mes succès, j'en oblitérais le drame de tous ceux qui étaient encore plongés dans la misère. C'était sur eux que je devais centrer mon regard, et non sur ma réussite personnelle ! Étais-je uniquement soucieuse du bien des enfants ou bien, pour tout ou partie, étais-je en quête du plaisir d'être le chef de file d'une grande réalisation ? Cette question n'avait pas de sens. Je compris en effet du même coup qu'il est impossible de séparer le noyau dur de son propre intérêt du souffle d'amour pour les autres.

Allons plus profond. L'acte pur, le don gratuit à 100 %, existe-t-il ? La réponse est non. Notre nature cherche son épanouissement. Elle contient en elle-même la soif de jouir et de posséder, de « se faire mousser », comme elle contient aussi l'élan du don, du service, de la compassion. Tout cela est inextricable. L'idéal, me semble-t-il, est de travailler dans le même mouvement à son propre bonheur et à celui des autres. Ne te creuse pas trop la tête, Emmanuelle, essaye de t'oublier davantage en cessant d'être obnubilée par tes propres contradictions. Essaye de t'accepter, humaine, pétrie de grandeur et de misère. Reçois-toi telle que tu es, tout bonnement, en tirant la meilleure part de tes défauts comme de tes qualités. Et yalla, en avant pour le service !

L'amour, mystère de l'existence

Ainsi, l'amour véritable ne se trouve jamais, chimiquement pur, dans tel ou tel acte. Il est plutôt une dimension possible de nos actes et de nos existences. Mais quelle dimension ! Il est cette part de la vie humaine qui la dépasse de l'intérieur. C'est ce qui lui donne son sens. Vous cherchez un sens à votre vie ? Demandez-vous qui et comment il vous est possible d'aimer. Aimer est un élan qui nous porte au-dessus de nous-mêmes et en sûreté. L'irruption de l'amour dans une existence est comme le feu qui jaillit soudain dans l'âtre : tout prend relief à sa lumière et toute la maison peut en être incendiée. L'amour est le mystère de nos existences.

L'amour est mystère : il n'est ni ici ni là. Il est mystère parce qu'il est « mouvement ». Et il est mouvement parce qu'il est relation. La relation, cela ne se laisse pas saisir, ni maîtriser, ni posséder. La relation, elle ne tient ni à toi, ni à moi, mais au mystère entre nous. Elle est la réciprocité du mouvement de chacun qui sort de soi vers l'autre.

Dès lors, il y a amours et amours. Certaines personnes, et c'est rare, entrent dans la manière de l'autre, mais ce n'est pas simple. Entre nous, humains, il y a quelque chose qui, à la base, nous fait différents les uns des autres. C'est particulièrement clair entre hommes et femmes, mais cela vaut pour toute relation. Aimer, c'est apprendre à écouter la différence de l'autre. L'amour est une écoute qui retentit en soi. Alors s'ouvre la réception du don de l'autre, de sa manière autre d'aimer. Nous serons toujours différents, mais quand tu sais écouter l'autre différent de toi, tu fais entrer en toi une vision qui n'est pas tienne. L'autre, tu ne le changes pas, mais ta vision, oui, tu peux la changer. Qu'est-ce que l'autre sent, attend, et que je peux lui donner ? L'amour, c'est ce complément d'être que je donne, mais tel que l'autre le désire, et non pas tel que je l'imagine. L'amour, c'est ce complément d'être que, réciproquement, l'autre me donne, mais à sa façon. Ceux qui s'aiment sont dans le mystère d'une relation vécue différemment, dans la différence.

Je suis persuadée que cela, chacune et chacun d'entre nous le sait. Je suis persuadée que chacune et chacun d'entre nous connaît suffisamment ce mystère pour au moins l'espérer. Je puise cette foi que j'ai dans l'homme dans ma foi en Dieu. À ce mystère, en effet, je donne un nom et un visage. « Dieu est amour. » Cette affirmation de l'Écriture (1 Jean 4, 8) fait partie de mon expérience. Ce n'est pas une théorie, ni un sentiment. Dans ma relation vivante au Dieu vivant, je contemple sa manière d'aimer. Pour entrer en relation avec nous, son Verbe se fait chair. Dieu, dans sa passion d'amour pour l'homme, en vient à aimer l'homme à la manière de l'homme, à lui parler à la manière d'un homme, à répondre à ses attentes d'homme. En nous aimant, il ne nous sort pas de notre condition humaine, c'est lui qui vient à elle. Je rends raison à Jésus-Christ lorsqu'il dit : « Aimez-vous les uns les autres *comme* je vous ai aimés » (Jean 13, 34). C'est lorsque nous aimons à la manière de Dieu que nous aimons vraiment, que nous connaissons le troisième ordre de la charité.

> Apprenez que l'homme passe infiniment l'homme. [...] Écoutez Dieu[6].

Dieu se perd-il, Dieu se sacrifie-t-il en aimant ainsi ? Non pas : il accomplit ce qu'il est lui-même, son identité. Dieu est amour. Dieu est, infiniment et éternellement, relation. En aimant, en vivant du moindre mouvement d'amour, nous perdons-nous, devenons-nous moins humains ? Tout au contraire, notre existence trouve son sens. Dans le mystère de la relation, nous naissons à nous-mêmes en sortant de nous-mêmes. L'homme n'est jamais autant humain que lorsqu'il est image de Dieu. Dans cette optique, chaque mouvement humain de charité, rien qu'humain mais pleinement humain, appartient à la source humano-divine de nos existences. Et cette source humano-divine irrigue de l'intérieur tout ce qui lui est contraire. Nous sommes un tissage inextricable de fibres d'amour et de violence, de relation et de possession, de sortie de soi et d'imaginaire. Gardons-nous donc, tous autant que nous sommes, de prétendre vraiment aimer, d'aller jusqu'au bout de l'amour ! Pourtant, l'abîme qui sépare l'homme misérable du Dieu infini est soudain franchi dans chaque mouvement d'amour. « Si nous nous aimons les uns les autres, Dieu demeure en nous » (1 Jean 4, 12).

Au sein de notre humanité paradoxale, gloire et rebut de l'univers, réside un mystère qui l'illumine et l'embrase tout entière. Le moindre mouvement d'amour est naissance. L'amour est le souffle toujours renouvelé du nouveau-né, l'inspiration, la respiration de nos vies. Ténu et insaisissable, il est comme le vent. « Le vent souffle où il veut, et tu entends sa voix, mais tu ne sais ni d'où il vient ni où il va. Ainsi en est-il de quiconque est né de l'Esprit » (Jean 3, 8). Ce souffle qui passe libère nos ailes intérieures, les ailes du cœur, engluées dans les jouissances sensibles, matérielles, intellectuelles. Quelque chose en nous se déploie, nous atteignons notre envergure véritable. Nous sommes alors emportés par le sens de notre existence, un sens qui ne vient pas de l'extérieur, mais qui n'est pas non plus une fabrication du moi.

Nos actes les plus banals ne le sont qu'en apparence. En vérité, ils reflètent comme dans un miroir l'Amour éternel. Non seulement ils le reflètent, mais ils sont de sa race. Le don d'un verre d'eau, « le moindre mouvement de charité », surpassent l'amoncellement des richesses matérielles, la vastitude de l'Univers, l'ampleur des systèmes scientifiques, philosophiques et théologiques. Devant cette lumière humble et cachée, les néons de nos cités, les phares de nos civilisations, les splendeurs de nos richesses pâlissent et sont ramenés à leur réalité : des petits lampions, rien que des petits lampions.

Et moi, pauvre fille, un peu plus mais jamais assez lucide sur mes faux-semblants, je regarde le monde. À quatre-vingt-quinze ans, j'essaie d'entendre sa voix, sa voix vraie, sa part d'infini et d'éternité. J'entends cet immense souffle d'amour que j'ai vu à l'œuvre sur les cinq continents. Je l'ai vu dans la simple vie quotidienne des gens tout autant que dans des projets fous. Je l'ai vu dans la plus simple chaumière comme dans les palais d'organisations internationales. J'entends les témoignages que, des quatre coins du monde, me rapportent à présent les permanents de mon association. Je reçois des lettres qui me parlent du poids et de la grandeur de la vie de tous les jours. Partout je vois des hommes et des femmes, des jeunes et des moins jeunes qui, d'une façon ou d'une autre, décident de consacrer de leur temps et de leur énergie à ceux qu'ils veulent aimer, à leur manière. La survie de l'humanité et de chacun d'entre nous en dépend. Que serions-nous devenus, que deviendrions-nous sans amour ?

Regardons donc le côté éclairé de la planète. Partout, mais partout, brillent des étincelles d'amour. Et le monde, alors, n'est plus si obscur ni couvert de ténèbres. Il en est transfiguré.

Chapitre VI

« Tout est un, l'un est en l'autre, comme les Trois Personnes »

Jusqu'ici, nous avons constamment insisté sur les aspects contradictoires de l'être humain, sa grandeur et sa misère. Il nous faut maintenant entrer dans un nouveau plaidoyer pour comprendre, *comprehendere*, saisir ensemble d'un regard unifié les composantes paradoxales de l'humaine complexité. Sa dualité interne se résout en effet dans une étrange unité.

Unité dans la complexité

Nous ne manquons pas actuellement – nous en sommes même obsédés – de discours sombres et défaitistes sur la nature humaine : nous serions principalement dans le règne de la violence, de la recherche effrénée de la jouissance, de l'éclatement des liens familiaux, de la misère croissante de peuples entiers. Les images qui défilent à la télévision sont véridiques, paraît-il, mais attention ! Ne nous présentent-elles pas une vision réductrice, uniformisée – je dirais même monolithique – de notre planète ? La vérité dans la totalité n'implique-t-elle pas plus de complexité ? N'existe-t-il pas aussi des zones de paix où les plaisirs savent être mesurés, des familles soudées où se livrent des luttes acharnées contre la misère et la maladie ? On me reproche d'insister sur tout ce qui est… rose ! Je ne vois pas la nécessité d'enfoncer davantage de clous sur les plaies : il y a assez de marteaux qui s'y emploient.

Quoi qu'il en soit, je voudrais essayer de trouver un équilibre qui respecte les antinomies. Pascal, ici encore, nous donne une clef :

> Tout est un, l'un est en l'autre [1].

Y aurait-il contradiction avec l'ensemble des *Pensées* qui insistent sur la déchirure interne de l'homme ? Je pense que, au contraire, nous arrivons ici à un des sommets de la méditation pascalienne. Certes, il suffit de nous regarder nous-mêmes : moi, toi, lui, elle, nous. Ne sommes-nous pas un drôle de mélange de bien et de mal ? Qui de nous n'est pas passé, au long de ses jours, par des sentiments d'affection et de haine, de douceur et de violence, de don gratuit et d'égoïsme ? Pascal nous le dit sans ambages :

> L'homme est naturellement crédule, incrédule, timide, téméraire[2].

> Condition de l'homme : inconstance, ennui, inquiétude[3].

Qui de nous n'a pas connu des heures où il ne se comprend plus lui-même et où il ne comprend plus les autres ? Face à cette irréductible complexité, nous traversons des stades différents. Ou bien nous cherchons inconsciemment à l'ignorer et nous fermons les yeux. Ou bien nous cherchons à nous hisser, sans reconnaître qu'elle est glissante, la corde tendue vers les hauts sommets. Attention à l'angélisme !

> L'homme n'est ni ange ni bête, et le malheur veut que qui veut faire l'ange fait la bête[4].

J'en ai fait l'expérience. J'ai longtemps couru vers une sainteté exemplaire, conformément au modèle que je me faisais de Thérèse d'Avila, la grande mystique. Je me battais contre le mur de mes défauts et j'enrageais de rester en échec. J'oserais dire que c'est un cas classique, je l'ai souvent rencontré. Il me semble même que la perfection d'une morale laïque, comme celle d'André Comte-Sponville, ne peut pas aboutir. Pourquoi ? Tout simplement parce que c'est vouloir sortir de la condition humaine. Il m'a fallu des années pour me rendre compte que je portais en moi, dans ma peau, dans mon corps, mon cœur, mon âme, un noyau inextricable de bon et de mauvais.

La relation, source de l'identité

Bien considéré, cependant, le problème est simple. Dans la mesure où, en effet, je reste collée à mon nombril, l'autre se pose devant moi comme un étranger, un métèque, un rastaquouère. Son identité différente devient un danger. Il s'agit alors de l'éloigner, l'éliminer, même. S'il est plusieurs façons de tuer l'autre, toutes se résument à nier son identité. En revanche, dans la mesure où je suis capable de reconnaître que ma vie prend sa valeur de la relation avec l'autre différent, mon être rabougri, ratatiné, prend une soudaine envergure.

Le pasteur Dietrich Bonhoeffer en est une illustration. Il n'a pas supporté de rester englué dans la sécurité au Brésil tandis que son peuple vacillait dans sa foi sous la pression hitlérienne. Revenu en Allemagne, il a osé parler haut et fort contre le nazisme. Arrêté, il connaît les affres de la prison. Les oreilles assaillies par les hurlements des détenus, il est confronté à cette question lancinante : où est Dieu ? Peu avant d'être pendu sur l'ordre de Hitler, il écrivait :

Qui suis-je ? Souvent ils me disent
Que de ma cellule je sors
Détendu, ferme et serein,
Tel un gentilhomme de son château. [...]

Qui suis-je ? De même ils me disent
Que je supporte les jours de l'épreuve,
Impassible, souriant et fier,
Ainsi qu'un homme accoutumé à vaincre. [...]

Suis-je vraiment celui qu'ils disent ?
Ou seulement cet homme que moi seul connais,
Inquiet, malade de nostalgie, pareil à un oiseau
en cage,
Cherchant mon souffle comme si on m'étran-
glait. [...]
Si las, si vide que je ne puis prier, penser, créer,
N'en pouvant plus et prêt à l'abandon.

Qui suis-je ? Celui-là ou celui-ci ?
Aujourd'hui cet homme et demain cet autre ?
Suis-je les deux à la fois ? [...]

Qui suis-je ? Dérision que ce monologue !
Qui que je sois, tu me connais :
Tu sais que je suis tien, ô Dieu ! *

* D. BONHOEFFER, *Résistance et soumission*, Labor et Fides, Genève, 1967, p. 164-165.

Bonhoeffer, dans sa prison, est dépouillé de tout ce qui représente le « mien » : honneur, possessions, dignité. Il est apparemment réduit au « rien ». Mais il est un « mien » plus profond : le monologue, le souci de moi, y compris dans mon abaissement, ma misère, ma contradiction. Je me contemple alors, complexe et misérable. L'idole, toujours l'idole ! Bonhoeffer trouve dans la relation de charité avec l'autre – « je suis tien » – la sortie et la résolution du dilemme. Il rejoint alors le cœur incorruptible de la valeur humaine, caché au plus profond de soi. Il trouve la réponse à la question cruciale de son identité – « Qui suis-je ? » – lorsqu'il fait entrer son misérable rien dans le troisième ordre de la charité. Le « mien » et le « tien » communient désormais, toute opposition dépassée.

« Tout est un, l'un est en l'autre. » Plus on approfondit cette pensée, plus on voit qu'elle s'applique en différentes conjonctures de l'existence. « *Homo sum*… je suis homme, rien de ce qui est humain ne m'est étranger », disait déjà, il y a deux mille ans, le poète Térence. Lorsque nous sommes établis dans la relation de charité, la seule vraie, l'autre n'est plus un étranger. Sa différence n'est plus une menace. Elle ne disparaît pas non plus. Les tentatives fusionnelles sont illusoires, dangereuses, à l'opposé de l'amour unifiant. Dans la relation vraie, l'un reste l'un, l'autre reste l'autre, mais l'un et l'autre se reconnaissent d'une même chair, d'un même sang, d'une unique humanité, somptueuse et fragile. Brisée, la statue héroïque ! Défait, le champion de la Vérité ! Nus, nous devenons vrais. Humbles enfin, un parmi d'autres, nous vivons la fraternité.

L'autre est la chance de ma vie

À ce sujet, j'ai eu comme un éclair un jour où… je bus un verre d'eau. Une idée me sauta à l'esprit : je ne bois ni de l'hydrogène (H), ni de l'oxygène (O), je bois H_2O, de l'eau ! Je ne m'identifie ni au bon, ni au mauvais qui me composent, je suis Emmanuelle, une combinaison vivante des deux. Depuis ma naissance jusqu'à ma mort, je suis une combinaison de toutes les dimensions, complexes et contradictoires, qui se retrouvent dans tout être humain. Et cette combinaison est originale, autre que la simple somme des composantes.

Que faire ? Ne plus lutter contre mes défauts et baisser les bras ? Que de fois j'ai tourné et retourné ces questions dans ma tête. Sur ce point aussi, Pascal m'est venu en aide. J'ai creusé et recreusé cette petite phrase : « Tout est un, l'un est en l'autre ». Elle m'a aidée à m'accepter dans mon identité originelle. Le bon est dans le mauvais, le mauvais est dans le bon. J'existe en tant que combinaison, H_2O. Vouloir tuer en moi le mauvais, ce serait m'anéantir. Accepter ma contradiction vitale, c'est faire fondre l'amertume qui m'empêche d'avancer, légère et sereine. C'est me regarder avec humour. Ma pauvre fille, elle repousse vite, ta vanité, avec ton orgueil et ton ego. Comme l'affirme le proverbe : « Une demi-heure après la mort, l'amour-propre vit encore. » Allez ouste, occupe-toi des autres ! Ça, c'est vivre, avancer fraternellement la main dans la main.

Saint Irénée écrivait : « L'homme vivant est la gloire de Dieu. » Être vivant, c'est dépasser sa dualité foncière pour aboutir à un troisième terme, l'unification harmonieuse. Être vivant, c'est dépasser l'opposition entre moi et l'autre. Bien loin d'être une menace pour mon identité et mon épanouissement, bien loin de prendre ma place au soleil, de bouffer mon espace vital, l'autre est la chance de ma vie. On a toujours peur de perdre, mais on gagne. On veut toujours uniformiser sur son propre modèle. On croit toujours que c'est ou l'un ou l'autre : ou bien tout moi, ou bien tout toi. Dans les deux cas, c'est le règne de l'Un. À ce compte, c'est l'aridité. La fécondité d'une vie humaine dépend justement de l'étendue du troisième terme : ni toi seulement, ni moi seulement, mais le lien heureux entre nous, l'un et l'autre, dont le mystère dépasse largement la somme de ses composantes.

Dans ce type de lien, on devient capable de discerner le positif dans tout ce qui est terrestre. Je l'atteste, moi qui ai connu de près des assassins, j'ai souvent découvert en eux des germes de beauté, d'âme et de cœur, qui m'ont enrichie.

Nous sommes loin d'avoir épuisé l'ampleur de la vision pascalienne de l'unification universelle. De récents travaux scientifiques nous y ramènent d'une manière inattendue. Deux ouvrages m'ont particulièrement passionnée. Tous deux sont à la fois empreints d'une rigoureuse rationalité et d'un émerveillement poétique. *L'Évolution cosmique* et *Poussières d'étoiles* ont été écrits par l'astrophysicien Hubert Reeves. Il rejoint singulièrement Pascal, qu'il cite d'ailleurs plusieurs fois. Selon lui, depuis le big bang produit il y a des milliards d'années, le plus petit est indissolublement lié au plus grand. Quatre-vingts éléments chimiques se retrouvent disséminés dans l'Univers, depuis les galaxies jusque dans l'homme. « Nous avons été engendrés dans l'explosion initiale au cœur des étoiles et dans l'immensité des espaces sidéraux *. » D'autre part, la cohésion de tout ne tient pas qu'à l'uniformité de composantes chimiques. Elle est aussi assurée par des forces colossales d'attraction. « Tout attire tout ** », comme le disait Einstein. Dans ce

* H. REEVES, *L'Évolution cosmique*, Seuil, 1988, p. 19.
** *Ibid.*, p. 42.

domaine, je ne peux que balbutier, mais ces informations me poussent à contempler la spectaculaire un-ité de l'Un-ivers dans sa chatoyante diversité.

De plus, cette contemplation de l'unité dans l'espace est aussi celle du temps : une prodigieuse évolution cosmique se déroule durant quinze milliards d'années, l'infiniment petit, au moment du big bang, engendrant l'infiniment grand. L'infiniment grand nous ramène à l'infiniment petit : « Les populations atomiques s'élèvent à plusieurs milliards de milliards de milliards par centimètre cube *. » L'esprit vacille. Au XVIIe siècle, Pascal ne pouvait analyser l'infiniment petit qu'à partir d'un minuscule parasite, le ciron.

> Un ciron [...] des humeurs dans ce sang, des gouttes dans ces humeurs, des vapeurs dans ces gouttes ; que, divisant encore ces dernières choses, [l'homme] épuise ses forces en ces conceptions [5].

Dans une prescience extraordinaire, Pascal avance même :

> Donc toutes choses étant causées et causantes, aidées et aidantes, médiates et immédiates, et toutes s'entretenant par un lien natu-

* H. REEVES, *Poussières d'étoiles*, Seuil, 1988, p. 158.

> rel et insensible qui lie les plus éloignées et les plus différentes[6].

Ici, notre vision de l'Univers ne s'arrête pas à l'écrasement de l'homme, perdu entre deux infinis. Penser l'Univers, c'est aussi contempler le lien entre toutes choses.

Mais Pascal, d'un vol fulgurant, dépasse la grandeur du premier ordre, cette vision quasi infinie de la matière et de sa cohérence. Il dépasse même la grandeur du deuxième ordre, où l'homme forge de son esprit des conceptions quasi infinies. Pascal s'élève dans un troisième ordre plus sublime, permanent dans son éternité.

> Tout est un, l'un est en l'autre, comme les Trois Personnes[7].

Nous nous heurtons maintenant à un redoutable problème. Nos pieds quittent soudain le terrain solide de la physique, nos yeux délaissent les instruments perfectionnés qui nous dévoilent le monde, notre esprit renonce à ses calculs inlassablement vérifiés.

Certes, une étonnante remise en question se fait jour, en ce début du XXIe siècle. L'au-delà de la science devient sujet de recherche. « La tendance actuelle de notre monde est de se rapprocher du spirituel, au contraire de ce qui s'est passé au début du XXe siècle avec le positivisme d'Auguste Comte. [...] La science invite à tout instant à la recherche de l'essence en toute chose * », affirme Tran Than Van, physicien des particules, dans un entretien donné au journal *La Croix*. Cette même « recherche de l'essence » s'est retrouvée au cœur du colloque « Science et quête de sens », tenu à l'Unesco en avril 2002. Devant des intervenants venus des quatre coins du monde, Charles Townes, prix Nobel de physique, affirma : « La religion cherche à comprendre le but de l'Univers. La science cherche à comprendre sa nature et ses caractéristiques. L'architecture de l'Univers prouve l'existence de Dieu. » Lors de la table ronde finale, une des conclusions retenues fut que l'homme « intelligent » peut de nouveau croire en l'existence de Dieu. Ce « de nouveau » me fait sourire. Cela fait un moment que des hommes et des femmes « intelligents » croient en l'existence de Dieu !

Le conflit est tout autre. Même si je salue à sa juste valeur le retour des interrogations spirituelles dans le monde scientifique ; même si je souhaite que se réalise la « prédiction » prêtée à André Malraux, « le XXIe siècle sera religieux ou ne sera pas » ; je préfère reconnaître que les deux domaines, celui de la science et celui de la religion, sont rigoureusement séparés et ne peuvent empiéter l'un sur l'autre. La religion n'a pas à

* *La Croix*, 7 décembre 2002.

juger ou condamner la science, et la science n'a pas à juger ou condamner la religion.

En vérité, le Dieu dont il est question, le Dieu Un trinitaire, ne se découvre pas au bout des raisonnements physiques ou métaphysiques. C'est dans l'expérience autrement transcendante de la révélation que Pascal ose écrire « comme les Trois Personnes ». Aucun esprit humain, le plus génial soit-il, ne peut concevoir cela. Le voile, le *velus*, est retiré dans le mouvement de ré-vélation. Dieu vient lui-même divulguer ce que l'homme sur terre ne pourra jamais voir, ce que son cerveau ne pourra jamais créer. « Tous les esprits ensemble » ne peuvent concevoir ce Dieu caché qui pourtant nous parle. Le Dieu dont il est ici question n'est pas une notion vague et scientifiste de la divinité, mais le Dieu d'Abraham, Dieu d'Isaac, Dieu de Jacob, non des philosophes et des savants.

L'amour fait l'unité

Cela dit, notre raison est, en retour, confrontée à un problème. Comment Un peut-il être Trois ? L'homme peut-il adhérer à ce que sa raison lui affirme impossible ? En écrivant ces lignes, mon regard s'échappe de temps à autre vers une des icônes les plus célèbres de la chrétienté, la *Trinité* de Roublev. Je ne me lasse jamais de la contempler. Chacune des trois personnes est comme irrésistiblement attirée vers l'autre, le visage et la main tournés vers l'autre. Il semble que les trois communient dans l'unité : *cum-unire*, s'unir dans une symphonie où les notes s'assemblent, se mélangent, confluent dans une unique harmonie. Mais cette communion ne forme pas un cercle, elle ne se ferme pas sur elle-même. Entre les Trois, un espace est ouvert. Les lignes de relation se dirigent aussi vers l'extérieur, vers le monde, vers l'homme, vers moi qui regarde cette icône. Parce que la communion représentée est une communion d'amour, elle déborde et veut se communiquer. Là est la source de la révélation, dans cet amour qu'est Dieu en lui-même et qui jaillit hors de lui, en mouvement de don et de communication.

Le langage humain ne peut que balbutier quand il essaie de dire Dieu ! Nous pouvons pourtant en parler, en raison de notre ressemblance. « Dieu dit : Faisons l'homme à notre image, comme notre ressemblance » (Genèse 1, 26). Entre nous, terriens, l'amour ne provoque-t-il pas une communion telle qu'un seul souffle, un seul cœur conjuguent deux personnes ? Le mystère de l'amour nous lie, crée un espace commun sans supprimer nos singularités. Ainsi, « Dieu s'est fait homme pour que l'homme devienne Dieu » (saint Athanase). L'amour est notre participation à la nature divine. L'amour est notre divinisation. Nous connaissons la « circumincession », la circulation d'amour entre les Personnes de la Trinité.

Ici, l'expérience unifie deux autres contraires en apparence, la contemplation et l'action. Éric Guyader a d'abord été séduit par l'icône de Roublev. Il contemple longuement le mystère trinitaire : « Dieu est communion, relation, dialogue d'amour. [...] Au Brésil, on danse la ciranda, une ronde ouverte où tout le monde se regarde. [...] Comme dans la ciranda, l'humanité est aspirée par le courant trinitaire. » Aussi, l'histoire de ce mystique ne s'arrête pas là. Ce Savoyard diplômé de l'École des mines partage sa vie avec les plus pauvres, à Salvador de Bahia, au Brésil.

Dieu, principe, modèle et terme de tout amour, est à la fois Unique et Trinité. Seul le cœur peut en nous saisir et recevoir ce mystère qui échappe à l'étroitesse de notre cerveau. Le grand saint Augustin était un jour occupé à réfléchir sur la Trinité, lorsqu'il vit un enfant, au bord de la mer de Carthage, absorbé dans une tâche impossible : à l'aide d'un coquillage, il essayait de transvaser la mer dans un trou creusé dans le sable. Augustin s'interroge : lequel des deux est-il le plus insensé, ce bambin ou lui-même qui prétend mettre Dieu dans son crâne ?

Enfin, ce serait encore ne rien comprendre du mystère de la Trinité que de le résumer à l'unité de trois. Au centre de l'icône de Roublev, une coupe contient un agneau immolé. C'est la représentation, au cœur de la Trinité, de la deuxième personne en tant qu'elle prit chair, partagea nos souffrances, fut immolée « comme un agneau conduit à l'abattoir » (Isaïe 53, 7). Dans l'Incarnation, le Verbe de Dieu connaît et assume ce qui, en apparence, est contraire à la condition divine. L'Éternel connaît le temps, l'Infini connaît le fini, le Saint connaît la tentation, la Vie connaît la mort. Par ce fait, l'écartèlement connaît l'unification.

Là est la source de toute paix. La source de la paix intérieure, où se dissout la souffrance de nos crucifixions : entre nos aspirations les plus nobles et le constat de nos bassesses ; entre notre révolte devant les injustices et notre propre complicité ; entre notre volonté d'agir pour sauver le monde et notre radicale impuissance ; entre notre être d'esprit et de cœur et notre être de chair et de sang ; entre notre désir d'éternité et la mort qui rode et ravit tout être et toute chose. La source de la paix entre humains où, sans fusion ni confusion, se dissout la haine qui sépare et qui tue.

Dans l'élan du cœur, dans le moindre mouvement d'amour, s'épanouit la vérité de l'homme, *zôon politikon*, animal de relation *. Dans ce

* Dans mon précédent ouvrage, *Richesse de la pauvreté*, j'ai beaucoup développé ce thème. Pour ne pas trop me répéter, je me permets donc d'y renvoyer le lecteur (N.d.A.).

même mouvement s'épanouit la vérité de l'homme, image de Dieu. S'élevant infiniment au-dessus de l'ordre de la matière et de celui de l'esprit, mais sans s'opposer à eux, l'ordre de la charité ouvre la voie du cœur, chemin de bonheur et de paix.

Conclusion
L'écume ou l'éternité

Quid est hoc pro æternitate ?
« Qu'est-ce que ceci, au regard de l'éternité ? »

Tout au long de mon existence, j'ai été séduite par tout ce qui « glisse et fuit d'une fuite éternelle ». J'ai été fascinée par tout ce qui, telle l'écume, brille de reflets tentateurs et illusoires. C'est quelque chose, tout de même, que cette formidable énergie que nous déployons pour tenter de remédier au vide, à l'insensé, au manque, en nous livrant corps et âme au flux et au reflux du plaisir, dans une fuite perpétuelle hors de nous-mêmes ! C'est terrible, parce que c'est vain et voué à l'échec. Telle l'écume, le plaisir disparaît sitôt que son objet est saisi. Ainsi, l'insatisfaction creuse en nous, encore et toujours plus profond, son sillage d'amertume. Tout nous échappe, et nous-mêmes avec, car tous nous allons mourir. Fondamentalement, c'est pour oublier la mort que nous nous divertissons. Nous sommes plongés dans un néant : tout fuit, et nous aussi.

J'ai donc cherché ce qui ne fuit pas. Si tout fuit, il y a pourtant quelque chose qui ne fuit pas. Dans la mesure où l'on se dépouille, où l'on arrache de soi les non-valeurs, le non-être, l'illusoire, la vanité de tout cet imaginaire, on perçoit alors le non-mortel. Ce peut être Dieu, certes, pour le croyant. Mais, pour tous, c'est faire naître du vivant en répondant de ses propres forces vives à l'appel d'un autre manque. Tends l'oreille : autour de toi, qui ou quoi attend ce que personne d'autre que toi ne peut offrir ? Lorsqu'un manque répond à un autre manque, soudain, c'est une création nouvelle. Quelque chose naît au monde. Que ce soit l'œuvre d'art, la recherche scientifique, l'investissement humanitaire, tout ceci fait partie de cette immense chaîne qui, de génération en génération, engendre de la vie proprement humaine. Et – qui sait ? – la relation interpersonnelle d'amitié peut aussi être ce terrain de fécondité.

Je préfère, ici, parler d'amitié plutôt que d'amour. L'amitié, comme la définit Aristote, est en effet le fruit de l'action désintéressée. Aimer d'amitié, c'est vouloir et agir dans l'intérêt de l'autre et non pour soi. L'amitié est ainsi ce qui, dans l'amour, dépasse la voracité. Nous sommes charnels, ça nous colle à la peau. Il y a en nous un désir de tout bouffer, de tout consommer, de s'approprier toutes les choses de la matière comme de l'esprit, et tous les êtres. Je l'ai dit : la relation pure, l'acte d'amour pur, cela n'existe pas. Dans nos actes et dans nos relations, il y a toujours une part d'intérêt et de possessivité.

Mais, dans nos actes et nos relations, réside aussi une part de gratuité. Dans cette marche vers l'autre, dans l'amitié authentique, se dévoile le mystère de ce qui ne passe pas, le mystère de notre propre éternité. Car « Dieu est amour » (1 Jean 4, 16) : Lui, l'Éternel, donne gratuitement. « Dieu, en effet, a tant aimé le monde qu'il a donné son Fils, son unique » (Jean 3, 16). Dieu se donne, Il est ami de l'homme. C'est pourquoi tout passe et fuit, hormis l'amour. « L'amour ne passera jamais » (1 Corinthiens 13, 8).

Dans nos vies humaines, l'amour de Dieu prend corps. Tous les petits actes d'amitié vécue sont autant de minuscules joyaux. Comme le diamant, ils ont été forgés aux feux de l'épreuve et du dépouillement. Comme le diamant, ils sont indestructibles. Ainsi, au moment où nous quitterons cette terre, une partie de nous-mêmes disparaîtra, mais cette multitude de joyaux aura façonné notre figure d'éternité. Certaines personnes ont déjà quelque chose de ce visage d'éternité. Leur regard est un reflet d'amour. Leur attention se porte naturellement vers ceux qu'elles rencontrent. Dans ce mouvement hors d'elles-mêmes, habituellement vécu et répété, elles sortent de leur néant et de leur finitude. Ces gens-là sont des témoins de l'éternité. En les rencontrant, nous sentons que ce qui est véritablement humain en nous ne peut pas mourir. Je garde, quant à moi, une immense reconnaissance pour tous ceux qui, depuis la disparition de mon père, m'ont appris que l'amour est plus fort que la mort et porte en lui une semence d'éternité.

Face à la question du sens de l'existence, « vivre, à quoi ça sert ? », nous balançons entre deux infinis. Au terme de ma réflexion, je pense que nous ne sommes pas tant écrasés entre l'infiniment grand et l'infiniment petit que contraints de mesurer, dans nos vies, l'abîme sans issue de nos tentatives de fuite et l'océan du mystère de l'amour. En effet :

> À mesure qu'on a plus de lumière, on découvre plus de grandeur et plus de bassesse dans l'homme [1].

Comment faire, puisque vouloir échapper à notre faiblesse et à nos limites serait un déni de notre condition humaine ? Rien de pire que la tentation de l'angélisme ! Comment faire, et de quel côté nous tourner, puisque toutes choses –

même les plus belles, les plus grandes, même les plus spirituelles – peuvent être perverties en divertissement ? Comment faire, puisque :

> Tout nous peut être mortel, même les choses faites pour nous servir [...] si nous n'allons pas avec justesse [2].

De mon point de vue, aller avec justesse consisterait d'abord à éviter deux fausses pistes. Ne soyons ni fascinés par le clinquant des choses, des possessions, des gens et de nous-mêmes, ni désespérés par leur néant. Ces deux chemins nous engluent aussi sûrement l'un que l'autre et sont également mortifères. S'il n'est pas possible de marcher en leur milieu, il est possible de dépasser leur dilemme, de s'élever infiniment au-dessus. Pascal nous enseigne qu'il existe, ô combien, une troisième voie. C'est en accrochant notre charrue à une étoile qu'elle s'envolera et nous arrachera d'autant au néant. Cette étoile est celle de l'amour, cette voie est celle du cœur. C'est le troisième ordre du cœur qui donne à nos vies leur sens, leur poids d'éternité. Seul l'amour permet, *avec* notre grandeur *et* notre misère, de demeurer dans la joie.

Pour épouser ce mouvement de l'amour, je te propose enfin, ami lecteur, un discernement et un choix. Tu veux sortir du vide et trouver un sens à ta vie ? Commence d'abord par mesurer le présent – cet objet convoité, cet autre désiré, cet événement heureusement ou malheureusement subi – à l'aune de l'éternité. Un vieil adage latin t'aidera, je l'espère, comme il m'a aidé. *Quid est hoc pro æternitate* : qu'est-ce que ceci, au regard de l'éternité ? Aussitôt cette question posée, tu pourras prendre du recul et faire la part des choses. Tu discerneras alors entre leurs parts d'ombre et de lumière. Certains de tes objectifs te paraîtront pour ce qu'ils sont, tout à fait vains. D'autres brilleront d'un éclat jusqu'alors caché parce que tu verras leur dimension d'amour.

Mais ce n'est pas tout de voir, il faut encore choisir. Le champ de l'amour, s'il est infini, dépend de chaque personne, de sa capacité d'ouverture, de ses décisions. Chacun a une vocation d'amour particulière. L'amour n'est pas uniforme, chacun l'incarne à sa manière, dans les conditions déterminées de sa vie personnelle. Ainsi, la vie n'est pas un sens unique, général et valable pour tout le monde. Il n'y a pas de recette. L'amour est un pari personnel. L'amour est multiforme. L'amour est le fruit véritable de notre liberté.

Entre le plaisir et le bonheur, il faut choisir. Entre l'écume et l'éternité, il faut choisir. Entre la voracité et l'amitié, il faut choisir. Attention ! Il ne s'agit pas d'un choix radical et définitif, mais plutôt d'une direction. De quel côté pencherons-nous ? Le retour sur soi-même ne disparaît jamais. On n'arrive jamais, ici-bas, au bout de l'amour. Encore et encore, il faut le choisir à nouveau. Qu'importe ! Une fois que l'on a goûté à la libération du moindre mouvement d'amour, la route n'est plus si pénible. On sait qu'il est possible d'échapper au cercle infernal des libidos qui, telle une spirale descendante, nous ramène sans cesse au point de départ, mais toujours plus bas. Une fois soulevés par les ailes du cœur, notre faiblesse n'est plus si lourde à porter. Qu'est-ce que tout ce fatras, au regard de l'éternité ? Toutes nos misères ne sont rien au regard de la valeur authentique de nos existences : le mystère de l'amour.

Notes

Chapitre premier : *La pensée et la matière*

1. Fragment 347-200, p. 149.
2. *Ibid.*, p. 149-150.
3. Ibid. p. 150.
4. Fragment 4-513, p. 51.
5. Fragment 72-199, p. 65.
6. *Ibid.*, p. 66.
7. *Ibid.*, p. 66.
8. *Ibid.*, p. 65.
9. *Ibid.*, p. 66.
10. Fragment 140–522, p. 91.
11. Fragment 358-678, p. 151.
12. Fragment 458–545, p. 179.
13. Fragment 139–136, p. 87.
14. Fragment 143-139, p. 92.
15. Fragment 210-165, p. 110.

CHAPITRE 2 : *La raison paradoxale*

1. Fragment 147-806, p. 93.
2. Fragment 346-759, p. 149.
3. Fragment 72-199, p. 66.
4. Fragment 72-199, p. 68.

CHAPITRE 3 : *Jouir*

1. Fragment 139-136, p. 86.
2. Fragment 171-414, p. 96.
3. Fragment 146-620, p. 92.
4. Fragment 412-621, p. 160.
5. Fragment 139-136, p. 89.
6. Fragment 72-199, p. 68.

CHAPITRE 4 : *Libération*

1. Fragment 582-926, p. 213.
2. Fragment 543-190, p. 194.
3. Fragment 556-449, p. 206.
4. Fragment 585-242, p. 214.
5. Fragment 242-781, p. 121.
6. Fragment 278-424, p. 128.
7. Fragment 277-423, p. 127.
8. Fragment 278-424, p. 128.
9. Fragment 233–418, p. 114.
10. *Mémorial*, p. 43.
11. Fragment 272-182, p. 127.
12. Cf. Fragment 265–185, p. 126.
13. Fragment 556-449, p. 207.
14. Fragment 271-82, p. 127.

CHAPITRE 5 : *Le mouvement d'amour*

1. Fragment 793-308, p. 292.
2. Fragment 162-413, p. 95.
3. Fragment 72-199, p. 65.
4. Fragment 346-759, p. 149.
5. Fragment 459-918, p. 180.
6. Fragment 434-131, p. 173.

CHAPITRE 6 : « *Tout est un, l'un est en l'autre, comme les Trois Personnes* »

1. Fragment 483-372, p. 185.
2. Fragment 125-124, p. 85.
3. Fragment 127-24, p. 85.
4. Fragment 358-678, p. 151.
5. Fragment 72-199, p. 65.
6. *Ibid.*, p. 69.
7. Fragment 483-372, p. 185.

CONCLUSION: *L'écume ou l'éternité*

1. Fragment 443-613, p. 176.
2. Fragment 505-927, p. 189.

Table

DEUXIÈME MOUVEMENT
LA FUITE ET L'ISSUE

TROISIÈME MOUVEMENT
LE CŒUR ET L'UNITÉ

ASMAE, ASSOCIATION SŒUR EMMANUELLE,
La relève !

Créée en 1980 par Sœur Emmanuelle, l'association poursuit et développe des actions en faveur d'enfants démunis et de leur famille. Elle agit conformément aux principes d'action de sa fondatrice : s'enrichir des différences et travailler systématiquement en partenariat avec les populations locales.

Une vocation double :
- Développer des programmes d'éducation et de santé *en partenariat avec les populations démunies.*
- Sensibiliser le public à l'engagement et au développement, par des conférences, publications, actions de proximité en France et à l'étranger.

Une quarantaine de programmes :
- Accueil et orientation d'enfants des rues aux Philippines, sensibilisation de familles égyptiennes à l'hygiène, enseignement ludique de la lecture dans les écoles en Inde…
- Dans 9 pays : Burkina-Faso, France, Egypte, Haïti, Inde, Madagascar, Philippines, Liban et Soudan.

Une relève dynamique et professionnelle !
- plus de 30 professionnels qui contribuent à l'élaboration des programmes et transfèrent leurs compétences
- environ 250 bénévoles au siège et sur le terrain, notamment pour des chantiers de solidarité internationale
- de nombreuses entreprises partenaires (La Redoute, Clarins..) et plus de 20 000 donateurs. Nos actions dépendent essentiellement du soutien de donateurs privés.

Agir est à la portée de tous !

✂---

Je contribue aux actions de l'Association Sœur Emmanuelle :

- Je souhaite recevoir des informations supplémentaires sur l'association ☐
- J'adhère à l'association et verse : ☐ 20
- Je fais un don de : ☐ 30 ☐ 50 ☐ 75 ☐ 100 ☐ autre———

Nom :
Prénom :
Adresse :
Code postal ville :

Association reconnue d'utilité publique – Déduction de 60 % des sommes versées – reçus fiscaux édités trimestriellement

CET OUVRAGE
A ÉTÉ TRANSCODÉ
ET ACHEVÉ D'IMPRIMER
SUR ROTO-PAGE
PAR L'IMPRIMERIE FLOCH
À MAYENNE EN AVRIL 2004

N° d'éd. FU034109. N° d'impr. 59953.
D.L. février 2004.

(Imprimé en France)